cantabria **4** *estaciones*

FERMÍN DE SOJO Y LOMBA

De Re Toponímica. Comunicaciones en Cantabria

*cantabria **4** estaciones*

FERMÍN DE SOJO Y LOMBA

De Re Toponímica. Comunicaciones en Cantabria

Estudio preliminar:
LUIS VILLEGAS CABREDO

Ediciones
Universidad
Cantabria

Sojo y Lomba, Fermín de, autor
    De Re Toponímica : comunicaciones en Cantabria / Fermín
de Sojo y Lomba ; estudio preliminar, Luis Villegas Cabredo.
– Santander : Editorial de la Universidad de Cantabria, [D.L. 2024]
    155 páginas ; 19 cm. – (Cantabria 4 estaciones ; 69)

    Estudio publicado originalmente en el Boletín de la Real Sociedad
Geográfica, número 83 (1947), páginas 7-71.

    D.L. SA 282-2024. – ISBN 978-84-19024-79-4

1. Sojo y Lomba, Fermín de.   2. Nombres geográficos-España-
Cantabria. I. Villegas, L., escritor de introducción

81'373.21(460.13)

THEMA: CFF, 1DSE-ES-F

Diseño de la cubierta: Maite Arce

© Estudio preliminar: Luis Villegas Cabredo [Universidad de Cantabria]
© Fermín de Sojo y Lomba
© Editorial de la Universidad de Cantabria
    Avda. Los Castros, 52
    39005 Santander
    ISNI: 0000 0005 0686 0180
    www.editorial.unican.es

ISBN: 978-84-19024-79-4 (RÚSTICA)
D.L.: SA 282-2024

ISBN: 978-84-19024-80-0 (PDF)
DOI: https://doi.org/10.22429/Euc2024.015

Imprime: KADMOS
Impreso en España. *Printed in Spain*

ÍNDICE

ESTUDIO PRELIMINAR

Luis Villegas Cabredo

En octubre de 2020 el profesor de la Universidad de Cantabria Manuel Estrada Sánchez, director de la colección Cantabria Cuatro Estaciones, me propuso presentar la obra de un autor que hubiera publicado algún estudio poco difundido sobre las obras públicas en Cantabria. Confluían dos circunstancias: el que escribe, acababa de presentar el primer tomo de una trilogía dedicada a los *Caminos y Puentes de Cantabria*, y en los cerca de sesenta libros publicadas con el citado sello de la Editorial de la UC, la historia de las comunicaciones y de sus obras asociadas no había sido tratada.

Enseguida, me vino a la mente el estudio de Fermín de Sojo y Lomba, General de Ingenieros, que en 1947 había publicado un interesante trabajo titulado *De Re Toponímica. Comunicaciones en Cantabria* y que yo había consultado con interés para mi investigación. Por otro lado, la figura y obra de Sojo y Lomba resultaba de gran atractivo, entre otros méritos había sido el primer presidente del Centro de Estudios Montañeses, entre 1934 y 1939, y ostentado el título de Cronista Honorario de Trasmiera.

Hechas las oportunas consultas, se vio que la propuesta era adecuada a los fines de Cantabria Cuatro Estaciones y, después de obtener la aprobación de la familia del citado autor y del Boletín de la Real Sociedad Geográfica, donde esta investigación que nos ocupa había sido publicada, nos pusimos manos al proyecto.

Este estudio preliminar a la obra que se presenta se ha dividido en cuatro apartados: en el primero se hace un bosquejo biográfico de Fermín de Sojo y Lomba; seguidamente, se presenta ordenada por bloques temáticos su obra publicada, un total de 17 trabajos, y se comenta de un modo sintético las especificidades de los más importantes; en la tercera parte, se analiza detalladamente la singular obra sobre las comunicaciones en Cantabria que se recoge en este libro; finalmente, se mencionan los textos editados (TE) por Sojo y las referencias bibliográficas (RB) utilizadas en esta memoria.

BOSQUEJO BIOGRÁFICO

En 1973, la Institución Cultural de Cantabria, el Centro de Estudios Montañeses y la Diputación Provincial de Santander publicaron *El Mariscal Mazarrasa* (TE), una obra póstuma del General Fermín de Sojo y Lomba, como homenaje al que fue primer presidente del Centro de Estudios Montañe-

ses (CEM). En la misma, José Simón Cabarga que conoció al autor que nos ocupa en
1946 y fue su compañero en el CEM, recoge
una detallada biografía que nos ofrece las
fechas e hitos claves de la vida del General
Sojo; en lo que sigue vamos a utilizar parte
de esos datos para enmarcar su itinerario
vital y su obra escrita. Otra fuente ha sido la
biografía preparada por Aurelio González de
Riancho (VV. AA. CEM, 2009 - RB).

El 8 de febrero de 1867 nació en La Habana Fermín de Sojo y Lomba. Su padre era
José de Sojo y Ruiz de Vallejo, bilbaíno de
nacimiento, que había ido a Cuba con sus pa-
dres, y donde un familiar era dueño de un
comercio y apoyó a la familia emigrante; una
vez establecido allí, se casó con la montañesa
Leandra Lomba de los Cuetos, de una familia hidalga de Sobremazas (en Medio Cudeyo,
Cantabria), que estaba viviendo en Cuba. El
matrimonio tuvo allí tres hijos, Ramón, Clemente y Fermín.

Los difíciles años de Cuba en la última
parte del siglo XIX, con el auge del independen-
tismo, movió a la familia a venirse a España
en 1874. El viaje lo hicieron en un transporte
de tropas y llegaron a Santander en el verano de este año, acogiéndose en la casona de
Los Cueto que había sido restaurada por el tío
Clemente Lomba; Fermín tenía siete años. Ya
en la Montaña, nacería su hermana Victoria.

El resto de su infancia lo pasó en esta bella zona de Cantabria, fue a la escuela en Liérganes, donde tuvo un maestro apellidado Segura, y amplió su formación recibiendo clases de latín del párroco don Joaquín. En esos años, y al contar su familia con una buena biblioteca, se despertó en Fermín la afición por la lectura; el mismo escribe (en su obra *Los de Alvarado*): «Porque, como fui algo precoz para leer, trabé pronto conocimiento con los conquistadores de Méjico…».

En 1877, con diez años, fue enviado a Valladolid, a formarse en una academia fundada por Alejandro Argüelles y Riva, en donde hizo seis cursos y fue progresando en el dominio de las matemáticas; los veranos los pasaba en Trasmiera con su familia.

En 1883, con dieciséis años, ingresó en la Academia de Ingenieros del Ejército en Guadalajara y cinco años después, en 1888, terminó sus estudios con 21 años y altas calificaciones. En sus primeros años como ingeniero pasó por varios destinos, Pamplona, Logroño y Fuenterrabía, donde intervino en la construcción del fuerte de Guadalupe.

En 1892, con 25 años, vino a Santander en comisión de servicios, donde se estaba construyendo el cuartel de María Cristina en el Alta; esto le permitió estar más con su familia. En 1893 le destinan a Melilla, y estando en camino a su puesto, el 3 de noviembre de 1893 explotó el barco Machichaco que estaba atracado en uno de los muelles de Santander, hecho que devino en una tragedia con cerca de 600 personas fallecidas y unas 2 000 heridas. A consecuencia de ello regresó a Santander, con un batallón a las órdenes del teniente coronel Arias, para prestar todo el apoyo requerido en esta terrible catástrofe.

En esta estancia se alojó en la casa número cuatro del Muelle, en el mismo edificio en que vivía el ilustre escritor José María de Pereda. Sojo seguía en la ciudad en marzo de 1894, cuando al sacar los restos del citado barco ocurrió una segunda explosión.

En 1895 estuvo en Sevilla. La crítica situación por la que pasaba Cuba hizo que fuera destinado a esa isla y salió hacia ella desde Santander, en noviembre de 1896. Allí, con 30 años, el joven capitán pasó por varios lugares y muy duros momentos; después de la explosión del acorazado Maine, en febrero de 1898, y la declaración de guerra por los Estados Unidos, Sojo fue llamado a La Habana, donde estuvo como ayudante del general Bruna. Finalmente, vino la derrota y el retorno a España.

Sojo regresó muy abatido y pensó en abandonar su carrera militar y entrar como monje en Santo Domingo de Silos. Pero poco a poco, con la ayuda de su familia fue superando su crisis personal; en 1901, hizo un viaje por Italia, Grecia y Turquía, que le devolvió la serenidad y la ilusión por su trabajo.

En 1902, con 35 años, fue destinado a Madrid; y dos años después, fue nombrado profesor en la Academia de Guadalajara, donde él había realizado su carrera. En 1908 se publicó el primer tomo de su obra *Minas militares terrestres* (TE), y al año siguiente el segundo volumen, dos libros de más de mil páginas, que se utilizaron como texto en la Academia de Ingenieros. Esta dedicación la compatibilizó con estancias en diferentes guarniciones y servicios especiales.

En 1912, con 45 años, fue ascendido a comandante. Es a partir de esta época cuando empieza a recoger documentación sobre la Merindad de Trasmiera, que le servirá más adelante para escribir su historia. En Madrid se casó con Josefa Bermejo y tuvieron un único hijo.

Su carrera militar prosiguió, y en 1923, con 56 años, ya es coronel; en este año perdió a su hijo. En 1927, a los 60 años, alcanzó el grado de general y le nombraron miembro en el Consejo superior de Ferrocarriles. En este año se publicó su extensa obra *El Capitán Luis Pizaño* (TE), capitán general de artillería de Carlos V e ingeniero militar español del siglo XVI.

Es en esta época cuando abordó la obra de *Ilustraciones a la Historia de la M.N. y S.L. Merindad de Trasmiera* (TE) de la cual publica en 1930, con 63 años, el primer tomo, y el segundo volumen al año siguiente; en esta magna

obra de cerca de 1200 páginas, Sojo y Lomba
muestra su vasto conocimiento sobre su querida comarca, a la que presta un gran servicio
entregándole un autorizado documento con su
Historia; el estudio está dedicado «A la santa memoria de la señora doña Leandra Lomba
de los Cuetos, natural de Trasmiera, dedica
este trabajo. El Autor».

En la introducción de esta grandiosa obra
el autor nos desvela una de sus virtudes, la
humildad, al tiempo que nos comenta las dificultades de su ejecución, habida cuenta de su
agitada carrera:

> Al Lector. …No se me oculta que el tra-
> bajo que hoy te ofrezco es incompleto, y
> aunque es necedad de ello disculparme
> por cuanto nadie me obligó a ejecutarlo.
> Más, con todo, quiero advertir a los que me
> censuren que no olviden mi profesión ni el
> tiempo en que he vivido. La primera me ha
> llevado de un lado para otro, obligándome
> muchas veces a suspender la labor cuando
> parecía que era ocasión propicia para re-
> matarla y originando en otras, con el mismo
> resultado, enfermedades y contratiempos…

Esta impar obra sobre Trasmiera, puede considerarse la producción histórica más
importante de nuestro biografiado y le valió
su nombramiento como Cronista Honorario
de Trasmiera. En este año especial de 1931,

cumplida la edad reglamentaria de 64 años, pasó a la reserva con el grado de general de brigada.

En 1934 se inició la actividad del Centro de Estudios Montañeses (CEM) y Sojo fue elegido primer presidente por sus ilustres miembros. Dado que él residía en Madrid, excepto en la época de verano, mantenía a través de la correspondencia una estrecha relación con sus compañeros, y el secretario de la institución, Fernando González-Camino, le informaba puntualmente de sus novedades. En 1935, con 68 años, Sojo publicó dos libros a sus expensas: *Los de Alvarado* (TE) y *Los maestros canteros de Trasmiera* (TE); el CEM apoyó esta iniciativa comprando varios ejemplares y luego asumió su distribución (Fernando de Vierna en VV. AA. CEM 2009 - RB).

En la segunda de estas obras, nuestro biografiado nos da otra clave de su personalidad, no hacía acepción de personas, al mismo tiempo que agradecía al Centro de Estudios Montañeses su elección como presidente, un año antes, y pedía a sus compañeros, con gran sentido de responsabilidad y sentido común, el relevo de sus obligaciones por sus circunstancias personales.

Así, en la dedicatoria del libro escribió una bella sentencia que muestra su bonhomía:

A la venerada memoria del Señor Don José de Sojo y Ruiz de Vallejo, de quien aprendí, desde muy niño, a no parar mientes en el indumento de quien, para estrechar mi mano, me tendió la suya complacido. Su hijo, el autor.

Sojo agradece a sus compañeros del CEM:

A los señores socios del Centro de Estudios Montañeses que se dignaron nombrarme su Director y, en su representación, a los señores D. Enrique Sánchez Reyes, D. Ellas Ortiz de la Torre, D. Tomás Maza Solano, D. Francisco G. Camino y D. Fernando G. Camino que con tanta amabilidad me comunicaron el acuerdo.

Al mismo tiempo suplica: «A mis compañeros del Centro de Estudios Montañeses para que me eliminen del cargo de Director».

Llama la conciencia, en los últimos años de la vida especialmente, con voces apremiantes; y éstas me dicen no debo detentar un cargo cuya sede (Santander) apenas visito unos días, y ellos de la época menos favorable al cultivo de los graves estudios que son materia fundamental del C. E. M. También me dicen aquéllas que, por ley inexorable de los años, más he de atender a los apartamientos recoletos que a las públicas y dinámicas manifestaciones de la vida social que, no se me oculta, son deberes inherentes a mi cargo.

No hay que decir que, como soldado de fila, seguiré siempre laborando por la prosperidad del C. E. M. hasta que la presencia de 'la inevitable' me obligue a separarme de manera definitiva de los queridos socios que lo integran.

Un año después, en 1936, se desató la trágica Guerra Civil, y durante la misma, la actividad del CEM se paralizó; ya en 1939, se nombró a un nuevo presidente, pasando Sojo a ser vocal de la Junta de Trabajo.

Después, Sojo y Lomba continuó ligado a las actividades del Centro de Estudios Montañeses. Así Mario Crespo (VV. AA. CEM 2009 - RB) recoge que en las Juntas de Trabajo de los años 40 del siglo xx:

> A veces se cedía la presidencia a algún miembro honorable de la institución, como quien había sido su primer presidente, Fermín de Sojo y Lomba, personalidad muy apreciada por sus compañeros del CEM, y que pasaba los veranos en Santander.

Una de las características de Sojo es su entusiasmo en los estudios que lleva a cabo. En 1947, con 80 años, cuando publica el trabajo *Comunicaciones en Cantabria* que ahora nos ocupa, al tratar del «camino del Besaya» escribe:

> De la misma manera, de permitirlo los años, estudiaría la comunicación antigua entre Besaya y Pas, pues la barrunto sin

poder precisar sus arranques. Y, por último, lo haría igualmente por el terreno de aguas vertiente a partir de Juliobriga y Aradillos.

En este mismo documento Sojo nos ofrece otra clave de su persona, cuando al tratar de la dominación romana, se posiciona como cristiano:

> ... agradecimiento para el pueblo que nos venció, pero que con sus comunicaciones facilitó la entrada de los que traían la Carta Magna de la bondad humana: la palabra de N. S. Jesucristo ... en la Montaña, cuando dominó la fe de Cristo, ya no había a quien temer; pues los romanos y godos enarbolaban la Cruz con amor y entusiasmo que nosotros recogimos y mantuvimo..

Fermín de Sojo y Lomba falleció el 14 de noviembre de 1956, tres meses antes de cumplir los noventa años, después de una vida llena y cumplida. En lo que sigue se recogen la necrológica del CEM y los testimonios de tres amigos que le conocieron.

De la *Nota necrológica* del Centro de Estudios Montañeses (VV. AA. RB):

> ... Unido tan íntimamente a nuestro Centro este ilustre militar y meritísimo investigador de la Historia de nuestra provincia, su desaparición nos priva del docto historiador, del entrañable y fraternal amigo, del

hombre bueno y caballero cristiano y español que antepuso siempre, en todos los actos de su vida, el amor a la Patria grande y el cariño fervoroso a esta tierra montañesa, que tanto quería y a la que ha dedicado laboriosos afanes de incansable investigador, como lo acreditan sus múltiples estudios dedicados al esclarecimiento de temas relacionados con la historia de la Montaña…

En 1973, en la citada obra homenaje a Fermín de Sojo y Lomba, aparecieron los dos reconocimientos que siguen. Uno de Rafael González Echegaray, presidente de la Diputación Provincial de Santander:

De entre todas las figuras montañesas eminentes en el campo de la investigación histórica, en la primera mitad del siglo actual, destaca por la fuerza humana de su personalidad la del General de Ingenieros, D. Fermín de Sojo y Lomba … Su afabilidad, su sencillez, su bondad inmensa y su buen humor con su aquél de socarronería trasmerana, llenaban el entorno montañés de entonces…

El otro tributo es de José Simón Cabarga, en *Biografía del General Sojo y Lomba*:

Esta es la etopeya de un hombre que jamás se consumió en la llama de los entusiasmos. La vida militar le zarandeó en sus giros, pero la Montaña le brindaba el refugio… Siempre trabajando. Jamás desmintió su prosapia de montañés íntegro. Si circunstancialmente nació en La Habana, sus amores estaban centrados en la tierruca… un hombre que, leal a su destino militar, fogoso en sus trabajos de investigador, fiel a sus principios morales, bienhumorado siempre, pues su esencia trasmerana rebosa en sus obras con giros sedimentados en el espíritu de esa raza tan peculiar de la Montaña costanera, dio siempre a las inevitables contrariedades de existencia tan proteica como la suya, el quiebro de un comentario risueño, de singularísima espontaneidad.

José María de Cossío, en *Rutas literarias de la Montaña* en 1989 (RB), al tratar de Trasmiera:

Fermín de Sojo y Lomba fue ingeniero militar, y en el servicio de tan noble arma llegó al grado de general… No es para mí, ni creo que para ninguno de los que llegamos a conocerle, evocación de una figura muerta y tan solo presente por su obra, sino el recuerdo cálido de una gran figura humana, transeúnte incansable de las rutas trasmeranas, y sobre todas de la que conduce desde la Casa de los Cuetos a los centros estudiosos de Santander, que, llegado el verano, le tenían por habitual contertulio. Su voluminoso pergeño, que aún parecía pequeño recipiente de su desbordada cordialidad, era familiar entre el mundo veraneante, o frívolo, u oficialmente estudioso. Y tras su indudable preparación histórica, inocultable aún en la conversación más alejada de los temas propios de sus estudios, aparecía siempre el puntillo cauto y socarrón del auténtico trasmerano, personaje representativo en nuestras ferias y romerías de la astucia comercial y el buen humor, incisivo e intencionado.

Con lo expuesto, se cierra esta semblanza biográfica de Fermín de Sojo y Lomba, concluyendo que estamos ante un gran hombre, bueno, sencillo, querido por sus amigos y compañeros, trabajador incansable, entusiasta, generoso, militar competente y con un gran amor a la Montaña, a la que ha aportado una impagable contribución a su Historia y conocimiento.

LA OBRA PUBLICADA DE FERMÍN DE SOJO Y LOMBA

Los estudios de Soja pueden agruparse en cuatro grandes bloques de interés. Dos de ellos relativos a su profesión de ingeniero militar: así, dos obras que tratan de temas técnicos, y varias referentes a biografías de militares singulares, con vidas y hechos gloriosos. Un tercer bloque, se refiere a su querida tierra, la comarca de Trasmiera, que conoce detalladamente y siente intensamente. Y un cuarto área de atención es la toponímica y las comunicaciones de Cantabria, que ahora nos

ocupan en este libro. En lo que sigue, se recogen algunas consideraciones relativas a estas
obras y, posteriormente, con mayor profun-
didad se analizará la obra a la que se dedica
este libro. En el apartado de textos editados
(TE), pueden verse los detalles concretos de
cada publicación.

Los libros técnicos de Sojo y Lomba

A lo largo de los más de cuarenta años de
vida profesional en activo, publicó dos importantes obras, fruto de sus conocimientos sobre
«explosivos» y su labor como profesor en la
Academia de Ingenieros del Ejército en Guadalajara.

Una de ellas fue *Minas militares terrestres*, una extensa obra de dos tomos que fue
publicada en 1908 y 1909 y utilizada, durante
muchos años, en la Academia de Guadalajara como libro de texto y estudiado por los
futuros ingenieros militares. La segunda,
fue *Origen de las minas militares de pólvora*
que fue editado en 1929.

Las publicaciones de Sojo
sobre militares ilustres

En esta temática publicó varios documentos, cuatro de ellos de gran amplitud y otros
varios en formato de artículo de revista. En lo

que sigue se comentan las obras más importantes.

El Capitán Luis Pizaño. Este libro es un amplio y documentado estudio histórico-militar referente a la primera mitad del siglo XVI. Obtuvo el Premio Torner en el concurso celebrado en 1926 por el «Memorial de Ingenieros» y fue publicado por el Cuerpo en 1927, cuando Sojo tenía 60 años. Este capitán e ingeniero militar (Pastrana, Guadalajara, c. 1480 – Laredo, Cantabria, 4-X-1550) «fue el mejor artillero de los Ejércitos Imperiales desde 1536 hasta 1550».

Los de Alvarado. El estudio de esta amplia familia iba a ir en su libro sobre la Merindad de Trasmiera, pero el gran volumen que alcanzó la historia de este linaje, aconsejó a Sojo dedicarle un documento aparte, que se publicó en 1935, en el cual escribe:

> Mas todo lo que de poco simpático encuentro en la gestión de la familia Alvarado en sus hechos partidistas de la región, truécase en férvida admiración al observar la conducta de muchos de sus hijos que lucieron como estrellas de primera magnitud en el tachonado cielo que cubrió a la monarquía española el primer siglo de su constitución definitiva. ... Ni uno solo de los lugares donde se desarrollaron las grandes gestas castellanas, dejó de ser pisado por alguno de los innumerables héroes de la familia Alvarado.

Entre los diferentes miembros de la saga familiar se refiere a Alonso de Alvarado «uno de los personajes más distinguidos de Trasmiera», que nació en Secadura de Voto en 1500 y fue uno de los hombres de confianza de Francisco Pizarro en Perú, por sus méritos Carlos I lo nombró Mariscal del Virreinato de Perú, donde murió hacia 1555.

El Mariscal Mazarrasa. Obra póstuma de Sojo y Lomba publicada en 1973 por varias instituciones culturales de Cantabria como homenaje a su figura. En la misma Sojo, que acabó este estudio en noviembre de 1944, nos justifica el porqué de escribir la vida de este ilustre militar cántabro (Navajeda, Entrambasaguas, 6 de noviembre de 1772-Villaverde de Pontones, Ribamontán al Monte, 12 de diciembre de 1858) que alcanzó el grado de mariscal del ejército carlista:

> Al escribir años pasados la biografía, aún inédita, de mi tío político, el heroico proto guerrillero y Brigadier de los Reales Ejércitos, don Ignacio Alonso Cuevillas (...1764 - ...1835), me di cuenta de cuán conveniente sería el proseguir en el estudio de trabajos semejantes, para salvar del olvido el recuerdo de muchos guerreros que, destacados en nuestras gestas anti napoleónicas, siguieron después las banderas de la tradición luchando a favor de don Carlos María Isidro y sucumbiendo, al caer éste vencido, para los halagos de la Historia,

siendo, entre ellos, afortunados los que solo merecieron su silencio…

Sojo después de narrar la historia de este militar, trata de enjuiciar la coherencia y postura de Mazarrasa y lo defiende de unas injustas acusaciones que le hacen algunos contrarios:

> He creído conveniente, y aun necesario, el insistir sobre los grandes insultos dirigidos a Mazarrasa por Lassala y por Arízaga, porque quedando estampados a poco de salir aquél de España, y no teniendo pluma que le defendiera durante los diez años de su expatriación, han perdurado en los escritores posteriores…

> Solamente, al estudiar más a fondo la época en que se desenvolvió su actividad, pude darme cuenta de la necesidad de borrar de la fama de muchos caudillos, que siguieron a Don Carlos, las indignas manchas, o por lo menos reducirlas a su verdadera dimensión, acumuladas por sus enemigos arrastrados por las pasiones políticas, o simplemente para limpiar a costa de aquéllas las que a ellos mismos les afeaban.

Señalar, además, que en este libro se incluye el *Diario de operaciones del Mariscal Mazarrasa* (de 1 de septiembre de 1834 a 29 de septiembre de 1839); y que la biografía inédita del brigadier que cita Sojo fue publicada finalmente por el CEM en 1975, como se recoge en lo que sigue.

El Brigadier don Ignacio Alonso de Cuevillas, célebre prócer guerrillero de la Guerra de la Independencia. La vida de este singular personaje transcurrió a caballo entre los siglos XVIII y XIX, una época en que se produjeron importantes cambios en la España del tránsito del Antiguo Régimen al nuevo estado liberal. Cuevillas, como se le conoció, nació en Cervera del Río Alhama-La Rioja (1-II-1764) y murió con 71 años en Santurce-Vizcaya (5-XII-1835), y pasó de ser un destacado líder guerrillero durante la Guerra de la Independencia a reconocer al infante Carlos de Borbón en 1833.

Su verdadero nombre era el de Ignacio Alonso Zapatero, pero comenzó a llamársele Cuevillas un apodo que provenía de La Cueva (Soria), donde había pasado largas temporadas con su abuelo paterno. Después de la guerra, Fernando VII dispuso que, por sus méritos, tanto él como sus descendientes incorporaran «de Cuevillas» a su primer apellido.

En la biografía, muy documentada, que prepara Sojo y Lomba se recogen puntualmente los diversos episodios de la peripecia vital de Cuevillas, realmente una vida muy agitada, tanto en la época de la guerra contra los franceses, como en la parte final de su existencia como carlista. En el prefacio del estudio, Sojo apunta algunas claves de la época (las pugnas ideológicas entre absolutistas y liberales) y de la evolución del pensamiento de este héroe guerrillero:

La historia española de la primera mitad de la decimonónica centuria, tiene que sufrir una completa revisión, si ha de convertirse en un reflejo siquiera pálido, de la verdad. Bandos encarnizados se disputan el poder, y el que a la postre venció, dejó sumidos en el silencio —y esto en el más favorable de los casos— los hechos gloriosos del enemigo, y elevados con exceso los por sus adeptos realizados.

No le faltaron a nuestro biografiado referencias laudatorias a su gestión durante la guerra de la Independencia, pero dado que en 1821 marcó su trayectoria en sentido de la tradición aquéllas escasearon y se van reduciendo a citaciones microscópicas y aun falsas en modernos documentos. El lector que quiera pasar la vista por las páginas que siguen podrá juzgar si el sujeto de ellas ha merecido que se escriban. Gran satisfacción sería para mí si al apreciar las mentes del biografiado tuviera el lector que lamentar la insignificancia del que a su cargo tuvo el relatarlos.

Los libros de Sojo y Lomba sobre Trasmiera

A este singular territorio dedicó Sojo cinco títulos, una porción importante de su producción escrita. Esta gran comarca de Cantabria, donde el autor vivió una parte sustancial de su existencia, era profundamente conocida y querida por él.

Ilustraciones a la Historia de la M.N. y S.L. Merindad de Trasmiera (TE 1930 y 1931). Como se ha adelantado en la biografía de Sojo, se trata de una obra ciclópea, donde recoge detalladamente la historia de esta comarca y aporta un gran número de documentos de difícil acceso; sin lugar a dudas, una obra de obligada consulta para los interesados en conocer a fondo Trasmiera.

Los Maestros Canteros de Trasmiera (TE 1935). Se trata, una vez más, de otro documento en que el autor recoge una extensa información, en este caso sobre decenas de canteros trasmeranos que, durante la Edad Moderna, principalmente, hicieron muchas construcciones pétreas a lo largo y ancho de España, sobremanera en tierras de Castilla y León. Con este estudio Sojo tributaba un sentido homenaje a las sucesivas generaciones de estos hábiles maestros mayores de obras, capaces de presentar las trazas, memoriales y presupuestos de iglesias, catedrales, palacios o puentes y que, junto a los maestros canteros, carpinteros, otros artesanos y aprendices, ejecutaban los trabajos. Asimismo, el autor pretendía estimular a nuevos investigadores a continuar su arduo trabajo, lo que realmente se ha cumplido en los últimos decenios, en que se han hecho varios estudios al efecto. Del prólogo de este documento se recogen algunas claves del mismo:

> Este libro es, al mismo tiempo, solera y espuma de mis investigaciones sobre

Trasmiera ... La mayor parte de lo aquí consignado ha sido recogido durante búsquedas, por libros y folletos, sobre otros asuntos de Trasmiera.

Pero la materia tratada es tan interesante... que el ánimo se contrista al pensar que la limitación de tiempo y facultades hayan restringido el desarrollo del trabajo. Algo debe consolarme la consideración de que la índole de éste no permite darlo nunca por acabado.

Este libro debe, pues, considerarse solamente como el primer picotazo dado en una muralla con objeto de abrir brecha en ella, practicando un modesto agujero que más tarde han de agrandar los muchos eruditos que hoy existen en la Montaña.

Liérganes (TE 1936) y *Cudeyo (Valdecilla, Solares, Sobremazas y Ceceñas)* (TE 1946). Son dos obras referentes a estos lugares de la antigua Junta de Cudeyo, formada por los actuales municipios de Marina de Cudeyo, Medio Cudeyo, Liérganes, Miera, Riotuerto y Entrambasaguas; siendo una de las cinco Juntas que conformaron la Merindad de Trasmiera. En estas obras se detallan aspectos concretos y aportan referencias que el autor recogió en su investigación sobre estos territorios de la citada demarcación; añadir, que entre la obra inédita de Sojo se encuentra una serie de monografías en que recoge la historia de otros pueblos de esta Junta.

La Pantoja, jerga de los maestros canteros de Trasmiera (TE 1946). Sojo recogió en su obra, de 1935, sobre estos artesanos:

> La potencialidad de la escuela trasmerana de cantería, y la manifestación más clara de su arraigo, nos la da el hecho de que surgiera —entre sus adeptos— la necesidad de un lenguaje enigmático que les permitiera comunicarse entre sí sin que sus apreciaciones salieran fuera del círculo de los iniciados. Este lenguaje, usado por los canteros montañeses, palabra esta que para el asunto de que ahora tratamos es casi sinónima de la de trasmeranos se llamaba Pantoja.

Esta obra De Sojo y Lomba fue reeditada en 2003 (TE) y su estudio preliminar fue llevado a cabo por María Fátima Carrera; ésta autora publicó en 2008 un artículo sobre este tema en el que expone (RB):

> Anotamos algunos aspectos léxicos de este argot de grupo, donde realidades y sentimientos cotidianos se formulan en voces y expresiones con un claro predominio de lo simbólico, críptico, diferenciado y diferenciador del resto de la lengua general, lo que permite intensificar entre sus hablantes el sentimiento de pertenencia a dicho grupo de canteros.

El interés de Sojo por la toponimia, las comunicaciones y los lugares de Cantabria

Al filo de sus ochenta años, en 1946 y 1947, nuestro autor publica tres trabajos alrededor de esta interesante temática, todos ellos proceden de un libro inédito *Paseo toponímico por Cantabria*.

De Re Toponímica (TE 1946). En la introducción de este artículo, publicado en el *Boletín de la Biblioteca de Menéndez Pelayo*, Sojo nos descubre los motivos de su interés por la toponimia y otros aspectos, entre ellos vuelve a mostrar su sencillez y acepta las limitaciones propias de su edad:

> Los trabajos de investigación sobre la Merindad de Trasmiera me condujeron, una vez terminado el examen de papeles y monumentos a mí alcance, al deseo de conocer el significado de los nombres de los accidentes topográficos desde mi ventana contemplados, deseo que se extendió después a más amplios horizontes. Del estudio realizado nació un libro, aun inédito, al cual he titulado Paseo Toponímico por Cantabria. Es libro voluminoso, pero obra de anciano poco preparado para documentarse a fondo en la materia y con sobra de años para poder conseguir esa preparación que le falta. He atendido, por lo tanto, con preferencia, a la busca de nombres topográficos y a su clasificación y contraste, anhelando que puedan servir algún día

para que los mejor preparados puedan sacar de ellos ventajas culturales que no están a mi alcance conseguir. De ese libro, en el que enumero miles de palabras, son las que expongo a continuación gracias a la amabilidad de buenos amigos que lo han permitido, para, bondadosamente, dar pábulo al deseo caprichoso de un anciano de no morir sin publicar algo en el querido Boletín del Sabio don Marcelino.

Vaya, pues, por delante algo de lo estudiado, no tan a fondo como hubiera podido hacerlo aun con mi escasa preparación, porque la Providencia parece haber querido darme a entender que esta empresa no me estaba reservada y ha centuplicado las dificultades cinemáticas externas cuando las del caduco organismo no pueden en modo alguno superarlas.

Sobre el sexo de nuestros nombres topográficos. La tendencia de feminizar los nombres topográficos en Cantabria llamó la atención del ilustre campurriano don Ángel de los Ríos … el cual expresó dudas sobre si ello podría ser debido a nuestra afición al bello sexo o a una delicada rememoración en honor de las famosas matronas de la Cantabria heroica…

De Re Toponímica. Comunicaciones en Cantabria (TE 1947). Este trabajo, que se publica íntegramente en este libro, será analizado en el siguiente apartado de este estudio preliminar.

El interés de Sojo por las comunicaciones, ya está presente en su obra dedicada a Trasmiera en 1930, cuando dedica una parte sustancial de su *Ilustración III: Trasmiera durante la dominación romana* a la vía Agrippa y otros caminos romanos.

Cantabria (TE 1947). En este artículo Sojo analiza los trabajos más importantes habidos alrededor del nombre de Cantabria y de sus límites y expone su opinión al respecto; el estudio muestra la identidad del territorio y al final del mismo, a modo de conclusión, recoge:

> Aunque se le peguen a la primitiva Cantabria augustana los pellizcos que pretenden darle las regiones colindantes, atraídas, acaso, por el renombre que aquélla adquirió al oponerse a los romanos, siempre quedará la actual provincia de Santander como principal representación de su territorio.

DE RE TOPONÍMICA. COMUNICACIONES EN CANTABRIA

Esta tercera parte del estudio preliminar se desarrolla en tres secciones. En la primera se hace una breve introducción, que trata de encuadrar la obra de Sojo en el contexto de las calzadas romanas en Cantabria. La segunda recoge el objetivo, características y descripción de la red viaria que propone esta investigación que se reedita, al tiempo que se comentan aspectos concretos de algunas de las vías más relevantes que describe el autor. Finalmente, en la última sección, se hará una valoración global del documento y sus aportaciones más importantes.

Introducción al documento de Sojo y Lomba

Muñoz en 1989 (RB) hace un interesante comentario que enmarca el tema de las antiguas vías de comunicación en la región:

> Las vías romanas y los caminos medievales de Cantabria. Respecto al trazado de las vías romanas por la Cantabria, aceptando el que fueron utilizadas con seguridad durante el Medievo ... se levantaron después de la fundación y desarrollo comercial y militar de cuatro puertos (uno de ellos con categoría de «colonia»), dotados de sus correspondientes núcleos urbanos, dentro de nuestro litoral. Tales enclaves se convertirán en puntos de atracción de las posibles vías romanas procedentes de la Meseta, al tiempo que haría necesario un camino o vía costera que los comunicara entre sí.

> Su estudio hemos de basarlo en las pocas publicaciones existentes, especialmente en el estudio de Sojo y Lomba, en los datos toponímicos y arqueológicos que se conservan, y aún en repertorios impresos sobre los caminos españoles en el siglo XVI.

Para facilitar la lectura del texto de Sojo que se acompaña y que ahora analizamos,
se resumen los principales itinerarios o guías
de caminos utilizados para el estudio de las
vías romanas en Cantabria, para ello nos apo-
yaremos en la obra *Las comunicaciones en la
Cantabria romana* de Iglesias y Muñiz (1992,
RB), que es el tratado más completo escrito
hasta la fecha sobre esta temática.

El itinerario de Antonino:

> la fuente de mayor relevancia para el co-
> nocimiento de las calzadas romanas en la
> Península Ibérica y del resto del Imperio
> Romano, no recoge vías que estrictamente
> atraviesen vías de la Cantabria romana…

El itinerario de barro (o tablas de barro
de Astorga):

> ha sido objeto de numerosos estudios, cues-
> tionándose incluso su autenticidad… la pla-
> ca numerada como I señala el recorrido de
> la vía que partiendo de Legione VII (León)
> tiene su final en Portus Blendium (Suances).

Esta tablilla de barro, recoge en la comarca de Campoo los lugares de *Octaviolca* (podría
ser la zona de Camesa-Rebolledo o de Campo
de Mercadillo, no habiendo acuerdo entre los
diferentes investigadores), *Iuliobriga* (actual
Retortillo) y *Aracillum* (Aradillos) y es uno de
los apoyos a la existencia de la calzada romana

que recorre Campoo y el valle del Besaya en busca de la costa.

Anónimo de Rávena:

> … En él se señala una vía costera que viniendo de Brigantia (en la provincia de La Coruña…) atraviesa toda la costa cantábrica para llegar a Ossaron (Oyarzun)…

Es un documento debatido pues además de no conocer a su autor, como expresa su denominación, su origen (hacia el siglo VII) es fruto de diversos documentos previos y luego reproducido con variantes por diferentes copistas medievales.

La vía de Agrippa:

> Su titulación viene dada por su, hipotética, representación en un «Mapa Orbis Terrarum» elaborado por el general romano, donde se recogen los principales caminos… del naciente Imperio Romano.

Marcus V. Agrippa fue el general que en el año 19 a. C. fue enviado a Cantabria por el emperador Octavio Augusto, su cuñado, para poner fin a las guerras que desde el año 29 a. C. venían enfrentando a los indígenas con las legiones romanas.

Esta vía costera recorrería todo el litoral cantábrico, uniendo los diferentes puertos, y uno de los sustentos de su posible existencia sería el citado Anónimo de Rávena.

En Cantabria la teoría adquiere su máximo desarrollo en la obra de Sojo y Lomba, defensor a ultranza de la romanidad de la vía. Pero anteriormente, Gómez Arteche, Solaruche y Somoza habían esbozado su recorrido por el País Vasco y Asturias.

El estudio de Sojo y Lomba

Objetivo que persigue Sojo:

Vamos a continuación a relacionar y seguir en su recorrido aquellas vías que probablemente se construyeron durante la dominación romana en la Montaña y que los templarios tomaron luego a su cargo.

El esquema de la red viaria regional que plantea es: Dos vías paralelas a la costa de Cantabria, siendo la más cercana, que denomina «Vía de Agrippa», la que más profundiza y detalla, tomando un papel preponderante en su estudio; y una variante a su trazado que va al sur de ella. Siete caminos de penetración a Cantabria desde el norte de la Meseta castellano-leonesa, a través de los diferentes pasos de la cordillera cantábrica, prestando especial atención al que desciende por la cuenca del Besaya. Más unos ramales desprendidos de la vía de Agrippa.

Las bases en que se apoyan sus itinerarios son, principalmente: la documentación de los cartularios de la Abadía de Santillana y del Monasteriode Santa María del Puerto; sus amplios conocimientos sobre las Merindades de Trasmiera y de Asturias de Santillana; la situación de los diferentes castillos y su estrecha relación con los caminos que usan y protegen; y la importancia de la toponimia de términos viarios y geográficos que son jalones del paso de los caminos que trata de descifrar. Además, Sojo y Lomba hace referencia a los tres itinerarios de caminos romanos que se han recogido en la introducción y a un mapa de la Cantabria romana concebido por el ilustre historiador, arqueólogo, catedrático y senador Aureliano Fernández-Guerra (1816-1894).

El territorio de Cantabria y sus construcciones. Sojo nos ofrece algunos pensamientos interesantes al respecto. Sobre la posición de las iglesias en el paisaje:

> Los templos montañeses —primitivos monasterios en su mayoría— están elevados sobre los caminos que los romanos habían construido, y en alturas dominantes, probables asentamientos que los cántabros habían utilizado anteriormente para sus viviendas y para sitios de oración, y que aquéllos heredaron.

Sobre la ausencia de restos de puentes antiguos en los caminos, Sojo hace referencia a la importancia de las grandes crecidas de nuestros ríos y su efecto demoledor:

… Tratándose de puentes en la Montaña, nada puede probar la falta de restos arquitectónicos antiguos de la fábrica para negar su existencia primitiva. Recuérdese el ¡cómo vendrá el Saja!…

En este aspecto, debe pensarse que incluso en puentes de la Edad Moderna, las dificultades de hacer cimentaciones profundas y el menor conocimiento hidrológico que se tenía, tanto de los caudales de los ríos en las avenidas como de los márgenes de desagüe hidráulico que eran necesarios, llevaban frecuentemente a la ruina a estas estructuras, por las fuertes acciones horizontales que se originaban sobre ellas en las grandes crecidas de los cursos fluviales; hecho que ya no es habitual en los puentes contemporáneos, por los avances tecnológicos habidos y por el mayor conocimiento que tenemos de la resistencia de los materiales y de la hidrología de nuestros ríos.

La historia de Cantabria entre el declive de Roma y el momento de la Reconquista. Sojo resume su visión del tiempo transcurrido entre estos significativos momentos de la región, que es la época en que trata de conocer la red viaria de Cantabria, en los siguientes párrafos:

Después de los romanos no hubo en nuestra historia momentos oportunos para entregarse al problema de obras públicas

… La influencia goda fue muy tardía en la Montaña y sólo posible cuando la invasión morisca reconcentró en el Norte grandes masas humanas huidas ante su empuje. Tampoco convenía a éstas la construcción de nuevos caminos que pudieran facilitar las correrías del enemigo y, por tanto, si algo se hizo sería cerrar con obras de fortificación aquellos lugares en los cuales la acción del clima hubiera relajado las muchas que los romanos nos dejaron.

Creo, en resumen, y como una consecuencia del estudio realizado, que de manos de Roma salió nuestro territorio surcado por numerosos caminos, que si no tuvieron en general le prestancia de las grandes calzadas que en el Itinerario de Antonino o en el anónimo de Rávena figuran …. sí lo suficientemente transitables para caballos y carros…

Después de los romanos sólo se construirían carreras, pues la pobreza característica del país no permitiría otra cosa … Una vez alejado el peligro de moros en el territorio de Peñas al Mar surgió, o se puso en mayor relieve, la necesidad de conservar los caminos y facilitar su tránsito y defensa por un hecho de todos conocido: la afluencia de peregrinos atraídos a Santiago de Galicia por la existencia en este lugar del cuerpo del Santo Apóstol. No siendo posible al principio, por lo peligroso, el paso por el Sur de la Cordillera Cantábrica, se utilizó la Vía de Agrippa, que este general romano trazó a lo largo de la costa.

La apreciación que hace Sojo sobre el tipo de caminos que hicieron los romanos en Cantabria, en el sentido de que serían sencillos y lejos de las amplias calzadas hechas en otras zonas de la Península y del Imperio, parece razonable; lo cual sería acorde con las dificultades orográficas del territorio y el nivel de las pequeñas ciudades y otras ruinas (Iuliobriga, Flaviobriga o Castro Urdiales, Camesa-Rebolledo, etc.) que se han descubierto de tal periodo histórico en la región; además, varios tramos viarios considerados por algunos investigadores como romanos apuntan en esa dirección; no obstante, no todos los estudiosos aceptan esta idea. Para tener más luz sobre este particular, son necesarios más excavaciones y estudios arqueológicos sobre vestigios materiales de esta época histórica, que nos ofrezcan nuevos hallazgos y nos permitan avanzar en el conocimiento del legado romano y de su red caminera en Cantabria.

La toponimia. Este es un aspecto destacable de esta investigación, y ocupa una parte importante de la misma. Sojo analiza el significado de un gran número de nombres, como apoyo a la concreción de los recorridos de las vías antiguas, y los va a utilizar sistemáticamente en su estudio sobre las comunicaciones;

en lo que sigue se recogen algunos de ellos y los consejos que ofrece al respecto.

Por ejemplo, nos informa que los lugares que ostentan desde antiguo el nombre de «castillo» son probablemente huellas de la presencia romana, aunque también lo pueden ser de los primeros siglos de la Reconquista, y que este topónimo y sus relacionados, como «castro», «arce» y «torre» (con ciertas limitaciones que recoge) sirven para investigar los pasos de antiguas comunicaciones que tales fortificaciones trataban de proteger.

Las palabras «vía» y «calzada» perduran en la toponimia y permiten reconstituir las que construyeron los romanos. A partir del siglo X, se utiliza la palabra «carrera», camino por donde puede pasar un carro, la cual aparece en muchos documentos medievales y son de menor anchura que las anteriores.

Los topónimos «horca», «horcada» o «corcada» equivalen a collados o pasos en general secos; añadir que en Cantabria a veces utilizamos «colladas» (de Carmona, de Hoz, y otras). Los nombres «muno», «muño» o «muñeca» equivalen a cerro, colina, otero o altura; también dice Sojo, equivale a «collado» o paso que se hace, naturalmente, entre dos muñecas o picos. Y este autor recoge otros muchos topónimos que el lector puede consultar en su texto, y que le ayudarán a comprender el significado y el porqué de los nombres de los lugares por los que camina.

Respecto a la importancia de la toponimia, Alvarez y Blanco (1996) en su trabajo sobe las vías de comunicación del medievo, señalan:

> …no podemos olvidar la toponimia como fuente de información de capital importancia para el objeto de nuestro estudio.

Se finaliza este apartado, valorando tres de las vías que desarrolla Sojo y Lomba en su investigación la de Agrippa, la del Escudo y la que sigue al río Besaya; y se enumeran otras cinco vías sur-norte que el lector puede consultar en el texto que se acompaña del autor.

La «vía de Agrippa». Está muy detallada en el texto que se presenta y es evidente el interés del autor al estudiarla, pues atraviesa su querida Trasmiera. De hecho, como se ha adelantado, en el primero de los dos tomos dedicados a esta Merindad, publicado en 1930, al tratar en su *Ilustración III: Trasmiera durante la dominación romana* trata sobre esta vía de comunicación y busca justificar su génesis romana.

Para esto se basa en las fuentes mencionadas, una de ellas el *Mapa de la Cantabria de los Césares*, que fue preparado por el citado Aureliano Fernández-Guerra y realizado por el reputado ingeniero militar y geógrafo Francisco Coello (1822-1898), autor del famoso *Atlas de España y sus posesiones de Ultramar.* Asimismo, se apoya en un artículo de este último autor (*Boletín de la Real Sociedad Geográfica*, tomo

XXX-1891, pág. 187), acerca de las vías romanas y los itinerarios de los peregrinos en España, donde expone varias conclusiones que Sojo recoge en su *Ilustración III*; al efecto expone:

> Mi ilustre jefe, en el tiempo, Sr. Coello, en el mapa que para el estudio de Fernández Guerra sobre Cantabria formó de esta región, manifiesta una vía que recorre la costa y que, procedente de Oyarzun, Deva, Bilbao, Castro, penetra en Trasmiera después de cruzar el Asón... Este mismo sabio, Coronel de Ingenieros, publicó, con el nombre de Geografía Histórica, un interesantísimo artículo ... He aquí las predichas conclusiones: 1ª. Por los trabajos de Saavedra, Fernández Guerra y otros escritores se comprueba que hay más de doble y aun triple número de líneas o caminos romanos que los marcados en el itinerario de Antonino, único que hasta ahora se había tenido en cuenta. 2ª ...

> 5.ª Cuando no se pudo ir a Santiago por el sur (por la presencia de los moros sin duda) se costeaba el Océano por lo menos hasta la bifurcación con la vía que iba a Lucus Augusti o Lugo, continuando más lejos el de la costa; este último era también romano a pesar de los que niegan que a la sazón lo hubiere en la costa septentrional de España. Está claramente determinado en el Anónimo de Rávena...

Sojo ofrece en su citada *Ilustración III* una copia esquemática del referido plano de Fernández-Guerra y de Coello, que le sirve, en parte, de guía para describir la vía costera. Con los diferentes apoyos mencionados, Sojo recorre, en el texto que nos ocupa, los diferentes lugares por los que iría esta vía en Cantabria: desde Castro Urdiales (*Portus Amanum-Flaviobriga*), en el oriente, hasta San Vicente de la Barquera (*Portus Vereasuecae*) y «Estrada», en el occidente, para pasar a la vecina región de Asturias entrando por «Vidiago». A lo largo del recorrido justifica detalladamente el paso por los diferentes lugares que propone, con múltiples referencias documentales de los siglos X al XIII y citaciones relativas a nombres de vías (Karraria pública, Villaviad, La Viesca, Viar, carrera antigua, itinere, Estradas, etc.).

Respecto a fijar el itinerario de la vía de Agrippa en base a referencias toponímicas de términos viarios antiguos encontrados en diferentes lugares de aquél, en el citado libro de Iglesias y Muñiz se recoge la valoración que Somoza (1908) hace en su trabajo *Gijón en la Antigüedad y en la Edad Media*:

> …la presencia de topónimos con referencias viales, los cuales pueden referirse a lugares de paso o a simples caminos vecinales, que comunicaban distintos poblados, pero no a una ruta terrestre continuada a lo largo del litoral cantábrico, y como prueba,

expone la ausencia total de miliarios en el territorio de los astures trasmontanos.

Realmente, es la ausencia de hitos pétreos en la posible vía romana de Agrippa en Cantabria, el aspecto crucial que pone en entredicho su existencia. A diferencia de lo que ocurre en otras vías a las que se refiere Sojo, como las calzadas que partiendo de *Pisoraca* (Herrera de Pisuerga) van a *Iuliobriga* (Retortillo) y *Portus Blendium* (Santander *para Sojo*, aunque la mayoría de los autores consideran que es Suances) o la que se dirige a *Portus Amanum-Flaviobriga* (Castro Urdiales), cuyos varios miliarios encontrados, en sendas vías, certifican su origen romano.

En este sentido, es el propio Sojo, en su *Ilustración III* (1930), quien escribe sobre los escasos restos romanos encontrados en la comarca trasmerana, tanto epigráficos como numismáticos:

> Continuando los recuerdos romanos por documentos escritos, diremos que, salvo el citado mojón de San Vítores y la piedra de Santoña, de que luego hablaremos, no ha aparecido en toda Trasmiera una sola piedra con indicaciones propias de la época romana.

Y vuelve a insistir, algo más adelante:

Si de piedras y monedas andamos mal por Trasmiera, en cambio su toponimia nos ofrece satisfactoria compensación.

Iglesias y Muñiz (1992) dedican unas páginas a esta hipotética vía de Agrippa y recogen un mapa con un posible trazado tentativo de la misma que, en líneas generales, viene a coincidir con la propuesta de Sojo; exponiendo, no obstante:

En el estado actual de las investigaciones se carece de argumentos explicativos que coadyuven a demostrar la existencia y génesis romana de la ruta cantábrica.

Resulta problemático considerar viable la existencia de una ruta costera cantábrica, bajo la óptica de una vía romana. La entidad política y el papel económico de los núcleos situados próximos a la costa no debieron exigir el establecimiento de una vía principal; de modo que, lo que ahora consideramos como tal, fue, probablemente, una vía secundaria construida sobre la unión de caminos menores interportuarios de génesis prerromana.

Y añaden en las consideraciones finales de su libro:

También, queremos resaltar las dificultades para defender la existencia de una «Vía Agrippa», exclusivamente terrestre, próxima a la costa, en momentos romanos, dadas las dificultades orográficas que presenta la orla septentrional cantábrica para la instauración de un eje viario terrestre. Por contra, apoyamos la hipótesis de que esta ruta pueda fundamentarse en una alternancia de tramos viarios y navegación de cabotaje.

Parece, pues, que la existencia de la difícil «vía costera», que debía salvar en su recorrido varios estuarios y zonas montañosas, y cuyas trazas generales conocemos y han llegado hasta nosotros, debió conformarse a lo largo de la época medieval; el propio Sojo y Lomba, con la documentación que utiliza de este periodo para su descripción, nos da unas pistas valiosas de su itinerario.

Este camino estuvo ligado, a partir del siglo IX (en el año 813 se descubrió el sepulcro del apóstol Santiago) a los peregrinos que trataban de alcanzar Compostela (*campus estellae*) por el camino del Norte o de la costa que, en estos primeros momentos de la invasión árabe de la Península, era más seguro que el existente al otro lado de la cordillera cantábrica; esta vía litoral se consolidó, por tanto, con un marcado carácter de «ruta jacobea».

Posteriormente, a partir del siglo XI, cuando la Reconquista avanzó hacia el sur y el territorio al norte del Duero estuvo en manos de los reinos cristianos, el recorrido más cómodo por la Meseta septentrional castellana se consolidó como el habitual «Camino de

Santiago francés», configurado sobre primige-
nias calzadas romanas que están descritas en
el *Itinerario de Antonino*, y se convirtió en una
ruta seguida por una de las mayores peregri-
naciones de la cristiandad medieval; aunque
el «camino del norte a Santiago» continuó
utilizándose, como lo atestiguan algunos estudios (Barreda, Casado y González Echegaray,
1993).

El camino del Escudo. De esta vía Sojo recoge algunas referencias que tiene: La
existencia de restos de una calzada que por la
parte alta de los montes de Castillo Pedroso se
dirigía a Santander. Considera que ese pueblo
de Toranzo estuvo ocupado por los romanos,
y este valle bien defendido por varias obras de
fortificación (en Acereda, Pico del Castillo y
otras). También, existen en el cordal montaño-
so restos de mámoas (o túmulos funerarios).

Asimismo, Sojo hace referencia al camino
del valle de Carriedo y concluye el apartado
exponiendo que tanto la vía del Pas como la
del Pisueña se dirigían, por el valle de Villaescusa, al Puente de Solía, en donde se unían a
la Vía de Agrippa, y ya por el valle por Camargo, a la sombra de la fortaleza de Peña
Castillo, alcanzaban el puerto de Santander.

Esta «vía romana del Escudo» fue estudiada con detalle por Gonzalez Riancho (1988,
RB). Posteriormente, en este interfluvio entre
los ríos Pas y Besaya, las campañas arqueo-
lógicas dirigidas por Peralta Labrador, entre

1996 a 2005, sacaron a la luz numerosos hallazgos del periodo de las Guerras Cántabras
(29 al 19 a. C.), entre otros el castro indígena
de la Espina del Gallego, que luego fue ocupado por los romanos y el gran campamento
legionario de las Cercas.

Debe señalarse que varios hitos justifican
que la «vía de altura del Escudo es prerromana» (Villegas, 2017 y 2020): fue conformada
por los ganaderos neolíticos que dejaron junto
a la misma huellas de su cultura, varios túmulos y menhires; asimismo, fue utilizada por los
cántabros de la Edad del Hierro, encontrán-
dose junto a su traza varios castros; también,
fue usada por las legiones romanas durante las
guerras cántabras, tal como han mostrado los
hallazgos de varios campamentos legionarios,
con restos de sus estructuras defensivas y materiales bélicos y monedas.

Esta utilización de los caminos indígenas
por los romanos, en principio para la conquista de Cantabria y, después, en la primera fase
de la dominación del territorio, es apuntada
por Sojo al tratar de la palabra «Vía», donde
expone:

> No hay razón de peso para negar la
> existencia de caminos —siquiera con el
> carácter de simples trochas— en tiempo
> de los cántabros; antes, por el contrario,
> la lógica parece comprobarlo … También
> consta la costumbre cántabra de ocupar las
> alturas, en muchas de las cuales aparecen

recuerdos prerromanos, y es más que probable que no sólo las viviendas, sino los sitios de adoración o templos y las obras defensivas, por aquéllas andarían también. Por tanto, los romanos al dominar el territorio tuvieron en esas alturas y en esos caminos una primera base de existencia. Los hallazgos en muchas de ellas comprueban la superposición de ambas culturas.

Camino por el Besaya. Al respecto Sojo escribe *La existencia de una vía romana desarrollada por la cuenca del río Besaya está asegurada por sus hermosos restos y por la toponimia* y propone el siguiente itinerario: Aradillos, Rioseco, Camino de la Concha (de Somaconcha a Pie de Concha), Arenas de Iguña, valles de Cieza y de Buelna, Riocorvo, Viérnoles, Torrelavega y Barreda donde se encontraba con la vía de Agrippa y el camino hacia Santander.

Se fija en los castillos y fortificaciones que defendían la calzada en Aldueso, en Pie de Concha, en el valle de Cieza y en San Mateo y expone:

> … hemos de convenir en que la entrada por el Besaya a la Montaña baja estuvo siempre bien defendida desde el tiempo de los romanos, a los que cuales no dudo atribuir, si no la completa construcción de todos ellos, sí la de la mayoría de los castillos o, al menos, su reconstrucción, pues algunos debieron estar ocupados por los cántabros.

También, refiere que la importancia de la vía del Besaya se comprueba a través de los recuerdos de la Orden de San Juan de Jerusalén en sus inmediaciones, que contaban con posesiones en varios lugares a lo largo de la calzada que describe.

Es importante señalar que cuando Sojo y Lomba hace su investigación, todavía no se habían descubierto varios importantes restos arqueológicos relacionados con el entorno de esta calzada, habidos a lo largo de la segunda mitad del siglo XX: como los yacimientos romanos de Camesa y Rebolledo, tres miliarios (el de Pedredo de Iguña, el de Camesa-Rebolledo y el de Celada Marlantes), varios «términos augustales» y nuevos hallazgos en *Iuliobriga*. En la actualidad, esta es la calzada más documentada de Cantabria y aunque se tienen varios lugares seguros de su paso, todavía no se conoce con certeza su trazado definitivo. En Villegas (2020) puede obtenerse una buena visión global de esta vía romana y en Solana (1981), Iglesias y Muñiz (1992), y Moreno (2013) profundizar en los detalles de la misma.

Otras vías sur-norte: Además de las dos comentadas anteriormente, Sojo contempla otras cinco «vías procedentes del interior de la Península» que entran en la región cruzando los puertos de la cordillera cantábrica; estas son: la que viene de Herrera de Pisuerga, pasa por el Puerto de Las Muñecas (410 m) y bajando por el valle de Otañes alcanzaba Castro Urdiales; calzada que, como se ha expuesto, está confirmada por la existencia de varios miliarios. Tres vías que penetran por el sur de Soba: por el puerto de Los Tornos (918 m) y por el Portillo de la Sía (1200 m), en la cuenca del Asón, y por el Portillo de Lunada (1350 m), acompañando aguas abajo al río Miera. Finalmente, Sojo recoge la que entrando por Piedras Luengas (1329 m) se dividía en dos ramales, uno por el valle del Nansa y otro por el valle del río Bullón hacia Potes.

Valoración global de esta investigación de Sojo y Lomba

Debe de reconocerse el interesante estudio que hace sobre diferentes topónimos relativos a la geografía física y a términos viarios. Esto enriquece nuestro conocimiento y nos permite profundizar en la íntima relación existente entre las vías de comunicación y el territorio o escenario donde se implantan éstas.

Si antes de este trabajo algunos investigadores habían prestado atención a diversos tramos de posibles vías romanas en la región, el estudio monográfico de Sojo y Lomba, publicado en 1947, es el primero que se lleva a cabo analizando la globalidad de sus vías de comunicación en la antigüedad. El mismo denota un gran dominio de la geografía física regional, de sus diferentes lugares y de su historia, y permite comprender el sistema viario regional y sus interacciones a nivel interno y en relación con las comunidades vecinas.

Habría que esperar más de treinta años, para que otros autores plantearan este tema en la misma dirección integradora. Así, en relación a las «vías romanas» aparecen los estudios de Solana (1981) y de Iglesias y Muñiz (1992); y los trabajos sobre los «caminos medievales» de Muñoz (1989), de Barreda, Casado y González Echegaray (1993) y de Álvarez y Blanco (1996). Todos estos documentos nos permiten conocer, al final del medievo, las vías de comunicación existente en la región; sobre esta infraestructura de transporte terrestre se proyectarán las mejoras habidas a lo largo de la Edad Moderna y la construcción de los caminos carreteros, de largo recorrido y de carácter interprovincial y comarcal, de mediados del siglo XVIII y de la centuria decimonónica.

Al respecto del estudio sobre comunicaciones en Cantabria de Sojo y Lomba, señalan otros autores:

Muñoz (1989):

> ...en este campo concreto nos encontraremos ante una cierta dificultad: la escasez de estudios y publicaciones sobre caminos de la región en las edades antigua y medieval... Entre los que destaca «el importante estudio de F. Sojo y Lomba».

58

Iglesias y Muñiz (1992):

> ...redacta un esquema general de la red
> viaria cántabra que constituirá la base de
> muchas investigaciones posteriores ... Sus
> resultados son, en conjunto, de gran uti-
> lidad e interés, tanto por el minucioso es-
> tudio toponímico realizado como por la
> correcta aplicación medieval, no obstante,
> se hace notar la ausencia de apoyatura ar-
> queológica en la refutación de sus hipótesis.

No hay duda que con la documentación medieval que utiliza Sojo y Lomba, el conocimiento
firme que existe sobre esta época y la génesis en
ella de una parte importantes de los pueblos y
villas de Cantabria, las rutas de largo recorrido
sugeridas por Sojo son fiel reflejo del viario en
tal periodo histórico, lo cual es un gran valor de
esta investigación. No obstante, y como ya se ha
señalado, en varias vías del estudio es discutible
que, con los datos que maneja, se pueda deducir
el carácter romano de las mismas.

Se concluye: las aportaciones de Sojo en
esta investigación son múltiples y útiles, tanto para incrementar el conocimiento sobre los
caminos antiguos de Cantabria, como para
matizar y madurar otros aspectos, quizás de
carácter inmaterial, que pueden estar impresos
en el trasfondo de nuestra memoria y que son
distintivos de Cantabria y de su paisaje. Sin
lugar a dudas, una gran contribución al estudio de las comunicaciones de Cantabria en los
primeros quince siglos de la era cristiana.

TEXTOS EDITADOS (TE) DE FERMÍN DE SOJO Y LOMBA

Minas militares terrestres. Dos tomos (554 y 480 páginas). Segovia, 1908 y 1909.

El capitán Luis Pizaño: Estudio histórico-militar referente a la primera mitad del siglo XVI. (778 páginas). Madrid, Imprenta del Memorial de Ingenieros, 1927.

Origen de las minas militares de pólvora. (97 páginas). Madrid, 1929.

«El general don Felipe de Arco-Agüero» (18 páginas). *Revista de Santander*, 1930.

Ilustraciones a la Historia de la M. N. y S. L. Merindad de Trasmiera. Dos tomos (590 y 589 páginas). Imprenta del «Memorial de Ingenieros». Madrid, 1930 y 1931.

Los de Alvarado. (132 páginas). Establecimiento Tipográfico Huelves y Compañía. Madrid, 1935.

Los Maestros Canteros de Trasmiera. (237 páginas). Establecimiento Tipográfico Huelves y Compañía. Madrid, 1935.

Liérganes. (98 páginas). Madrid, 1936.

Cudeyo (Valdecilla, Solares, Sobremazas y Ceceñas). (183 páginas). Centro de Estudios Montañeses. Santander, 1946.

Apuntes biográficos de Don Fernando de la Serna. Boletín de la Sociedad Menéndez y Pelayo (38 páginas). Santander.

De Re Toponímica. (14 páginas). Boletín de la Biblioteca de Menéndez Pelayo. Santander, XXII, 1946.

La Pantoja, jerga de los maestros canteros de Tras-miera. (76 páginas). Segovia, 1947.

De Re Toponímica. Comunicaciones en Cantabria. Boletín de la Real Sociedad Geográfica. Enero-junio de 1947. Tomo LXXXIII. Núms. 1 a 6. Págs. 7 a 71 (65 páginas).

Cantabria. Boletín de la Real Sociedad Geográfica. Julio-diciembre de 1947. Tomo LXXXIII. Núms. 7 a 12, págs. 467 a 482 (16 páginas).

«Los de Alvarado (Adición)» (11 páginas). *Revista Altamira,* núms. 1 y 2. Centro de Estudios Montañeses, 1950.

El Mariscal Mazarrasa. Publicación póstuma (578 páginas). Biografía del General Sojo y Lomba y Consideraciones por José Simón Cabarga. Institución Cultural de Cantabria. Centro de Estudios Montañeses. Diputación Provincial de Santander, 1973.

«El Brigadier don Ignacio Alonso de Cuevillas, célebre prócer guerrillero de la Guerra de la Independencia». Publicación póstuma (135 páginas). *Revista Altamira.* Centro de Estudios Montañeses, 1975.

La Pantoja, jerga de los maestros canteros de Tras-miera. Nueva edición y estudio preliminar de M.ª Fátima Carrera de la Red (136 páginas). Santander, Fundación CDESC (Centro de Documentación Etnográfica Sobre Cantabria), 2003.

REFERENCIAS BIBLIOGRÁFICAS (RB) DEL ESTUDIO PRELIMINAR

ÁLVAREZ LLOPIS, Elisa y BLANCO CAMPOS, Emma: *Las vías de comunicación en Cantabria en la Edad Media*. I Encuentro de Historia de Cantabria. Universidad de Cantabria y Gobierno de Cantabria, 1996. Editado por la Universidad de Cantabria en 1999.

BARREDA Y FERRER DE LA VEGA, Fernando; CASADO SOTO, José Luis y GONZÁLEZ ECHEGARAY, M.ª Carmen: *Rutas Jacobeas por Cantabria*. Centro de Estudios Montañeses y Gobierno de Cantabria, Santander 1993.

CARRERA DE LA RED, María Fátima: *Anotaciones sobre la jerga de los maestros canteros de Trasmiera (Cantabria)*. Hesperia. Anuario de filología hispánica XI-1 (2008).

COSSÍO, José María: *Rutas literarias de la Montaña*. Obra póstuma. Ediciones de Librería Estudio, 1989. Y en Biblioteca Cantabria, Estudio 2006.

GONZÁLEZ DE RIANCHO MAZO, Javier: *La vía romana del Escudo*. Colegio Oficial de Arquitectos de Cantabria y Ediciones de Librería Estudio, 1988.

IGLESIAS GIL, José Manuel y MUÑIZ CASTRO, Juan Antonio: *Las comunicaciones en la Cantabria Romana*. Universidad de Cantabria y Ediciones de Librería Estudio, 1992.

MORENO GALLO, Isaac: *Vía romana de Pisoraca a Iuliobriga: 62 km*. Junta de Castilla y León.

Unión Europea. Programa Cooperación Fronteriza España-Portugal, 2007-2013.

MUÑOZ JIMÉNEZ, José Miguel: *Caminos y fortificaciones en la Cantabria Medieval.* Actas del Congreso *«El Fuero de Santander y su época».* Ediciones Estudio, 1989.

REAL ACADEMIA DE LA HISTORIA – DBE. *Diccionario Biográfico Español.* (http://dbe.rah.es/biografias/79738/ignacio-alonso-zapatero).

SOLANA SAINZ, José María: *Los cántabros y la ciudad de Iuliobriga.* Ediciones de Librería Estudio, Santander, 1981.

VILLEGAS CABREDO, Luis: *Historia de los caminos de Toranzo.* Revista Altamira, Tomo LXXXVIII. Centro de Estudios Montañeses, Santander 2017.

VILLEGAS CABREDO, Luis: *Un viaje por los caminos y puentes de las comarcas centrales de Cantabria: Santander, Besaya, Pas-Pisueña y Campoo-Los Valles.* Ediciones Universidad de Cantabria, 2020.

VV. AA. CEM. Centro de Estudios Montañeses. Nota necrológica: «Don Fermín de Sojo, primer presidente del Centro de Estudios Montañeses». *Revista Altamira,* año 1954 (aunque su muerte fue en 1956, sale en la revista de tal año por el retraso con que se publicó este número).

VV. AA. CEM Centro de Estudios Montañeses: *LXXV Aniversario (1934-2009).* Santander, 2009.

De Re Toponímica. Comunicaciones en Cantabria

FERMÍN DE SOJO Y LOMBA

Se ha respetado la ortografía original del texto.

A la venerada memoria del Excelentísimo
Sr. D. Cesáreo Fernández Duro, Presidente
que fué de la Real Sociedad Geográfica,
dedica este trabajo con singular afecto.

EL AUTOR

NOTA PRELIMINAR

En el número correspondiente al primer tri-
mestre del año 1946 publique, en el *Boletín
de la Sociedad Menéndez Pelayo,* un artículo con
el mismo título que ostenta el presente estudio.
Hice en aquél referencia a la génesis de un libro
inédito, que he titulado *Paseo toponímico por
Cantabria* del cual había entresacado las palabras
que se publicaban. Ahora manifiesto que tiene
origen análogo el presente trabajo.

En mi libro *Ilustraciones,* y al tratar del paso por Trasmiera de la llamada *Vía de Agrippa*
que por la costa cantábrica construyeron los romanos, hablé de varios nombres expresivos de
comunicación. Con objeto de no repetirme y por
no ser necesario más que el nombre para el estudio del presente trabajo, los citaré. Son: Calzada,
Calzadilla, Calle, Callejo, Camino, Collado, Colla-
dillo, Congosto, Hospital, Hoz y derivados (Hoce-
jo, Hoceja, Rocín), Lomba y derivados (Lombana,
Lombera, Lombillo), Pontejos, Puente y derivados,
Puerta, Portillo, Retortillo, Retuerto, Rueda, Torno
y derivados.

Expuse también, como más importante, la palabra *Vía,* que ahora va a servirme de base para
reconstruir, o tratar de hacerlo, los más antiguos

caminos de Cantabria. Pero antes de estudiarlos lo haré de otras palabras muy interesantes también para mi objeto. Son: *Carrera, Castillo, Concha, Cuarta, Estrada Guinea, Horca* y derivados, *Muno, Muño* y *Muñeca, Quintana, Sedo* y *Viesca.*

Con esto, con hacer preceder una noticia de los metaplasmos más corrientes en la toponimia cántabra y con manifestar que mientras no vea claramente contradichos los argumentos que utilicé en mi libro *Ilustraciones* sobre las coincidencias del «Portus Victoriae» de los romanos con Santoña y del Blendium con Santander, seguiré llamándolos como entonces, quedará terminado mi trabajo preliminar.

ABREVIATURAS

Para mejor inteligencia del lector pongo a continuación unas cuantas separadas, por ser aquí pertinentes, de las muchas que figuran en mi citado libro *Paseo toponímico por Cantabria.*

DICE	ENTIÉNDASE
B	Barrio.
BAH	*Boletín de la Academia de la Historia.*
BSMP	*Boletín de la Sociedad Menéndez Pelayo.*
Camino	Expresa el libro *Las Asturias de Santillana en 1404,* publicado por D. Fernando González Camino.
CE	*Catrastro de Ensenada,* que existe en la Biblioteca Menéndez Pelayo (Sección de fondos modernos).

CS .... *Cartulario de la Abadía de Santillana del Mar,* publicado por el Sr. Jusué.

DP .... *Cartulario de Santa María del Puerto* (Santoña), publicado por el Sr. Serrano en BAH.

Ilustraciones *Ilustraciones a la Historia de la M. N. y S. L. Merindad de Trasmiera* (obra del autor).

Madoz .... El *Diccionario Geográfico, Estadístico e Histórico,* tan conocido.

Orígenes .... *Orígenes del Español,* por D. Ramón Menéndez-Pidal.

Privilegios ... *Privilegios, escrituras y bulas de la Colegial de Santillana,* publicación del Sr. Escagedo.

RFE .... *Revista de Filología Española.*

NOTA.— Las referencia a otras fuentes de investigación se especifican en el folleto.

METAPLASMOS MÁS CORRIENTES EN LA TOPONIMIA

Vocales protéticas.— Varios autores se han dado cuenta de la dificultad de los vascos para comenzar palabras con *R,* dificultad que tanto me llamaba a mí la atención cuando en 1888 contemplaba, en el fuerte en construcción de San Cristóbal (Pamplona), a los carreteros navarros manejando sus ahijadas, a modo de bayonetas, y gritando a los bueyes en los pasos difíciles: «¡Aida-RRRayuri...!».

Menéndez Pidal manifiesta que, a causa de esta dificultad, los vascos emplean nombres como *Errotoberri* y *Erretobarri* en lugar de *Rótabarri* (del latín rota= molino nuevo). Añade otros muchos ejemplos, manifestando que esta misma dificultad por la *R* inicial la encontraban otros pueblos ibéricos, como se demuestra con *Arredondo* (Cantabria) y *Arriondas* (Asturias).

De mis trabajos por Cantabria he deducido que no sólo fué la *a* la vocal empleada por vía de prótesis en nuestra toponimia. La *a* era, desde luego, muy corriente, pues aparte de las palabras con raíz *Arr-*, que expongo en otro sitio y en las que pudieran sospecharse dificultad de pronunciación, he leído *Las Acuartas, Apego, Aprado, (H)arriera*, etc.

La *e* la encuentro en el siglo XII en *Esseca*.

La *i* era corrientísima: *Igama, Iloba, Ilope, Inoja, Iseca, Isequillas, Ijana, Idorio, Inates*, etc.

La *o* aparece en bastantes casos en los que cabe dudar: tal el trasmerano, que en 1753 escribe *Omañite* en lugar de *Mañite* que dicen otros convecinos. Y digo que cabe dudar, porque pudiera tratarse de uno de tantos enlaces luso-cántabros por el empleo del artículo O. He encontrado *Peromosto, Perollanillo,* en cuyas palabras, suprimido el *Per* (preposición independiente) quedan mosto, olanillo, en las que al igual del nombre *Omoño* que lleva el pueblo trasmerano, puede y debe sospecharse el artículo O.

Dada la tendencia cántabra al intercambio de *o* y *u* no puede llamar la atención el que yo haya visto escrito: *Ulavega, (H)ucabado, (H)ullamo, Umaderne, (H)ugüerto, Upicón, (H)uquesta* (sic), etc. En *Ueltolluezo* se manifiesta claramente el uso de la *U* sin pretensiones de artículo, que sería redundancia, pues ya se empleó, a la moderna, en *El Tolluezo*.

Como consecuencia de todo lo dicho sospecho que los cántabros tuvieran cierta tendencia a pronunciar sus palabras *enhebrándolas* con vocales o, lo que es parecido, empezándolas con ellas.

Vocales epénticas.— La más usada fué la *i*, y tantos casos he visto escritos que he llegado a creer fué corriente, aun en el lenguaje hablado, en la Cantabria de Peñas al Mar, por lo menos. Ejemplos: *Anio* (Hano), *Ario* (Hacero), *Cañadío, Colladío, Cotia* (Coto), *Fontanía, Luterio* (El Otero), *Gargantía, Llosía* y *Llusía, La Lanía, Ruzío* (Rozo), *La Torquía, Las Llanías, Piquío*, etc. Las palabras que han llegado a mis oídos, como Cañadío, Piquío, Barquía, animan a suponer siguiese en las demás la acentuación de la *i*. Sin embargo, los que puedan conviene se fijen en las conversaciones con los aldeanos ancianos.

La *e* epéntica no es muy corriente: He visto *El Machuéco*; y la *u* en *La Perrúa*.

En 1753 un vecino de Ríotuerto escribe *N.ª S.ª de la Bianqúa, La Bernuqúa, La Hayuqúa,* pero aquí más que epéntesis puede sospecharse equivocación por extensión de la falta de sonido de la *u* de *que*.

Apócope.— Se empleó en algunas palabras: *El Molín, El Hocín, Rivamontán, Belludín, Valdomín*. La pérdida de *-o* que se atribuye a influencia mozárabe tiene un probable caso en *Castilnegro*.

Contracciones.— Muy corrientes: *Soimazo* (So el Mazo), *Solbardo, Solpiniro, Solaro* (So el Haro), *Solano* (So el Hano), *Camínrriba* y *Somorriba* (Camino y Somo arriba), *Liermo* (El Yermo), *Lotero* y *Larnero* (El Otero y el Arnero), *Luyo* (El Hoyo). *Alvarado, Alvear, Alsedo* y *Aloño* (a el Varado, a el Vear, a el Sedo, al Oño).

Consonantes epénticas.— Se ha empleado mucho la *n*: *La Manzorrilla, La Conllada, Nonzaleda, Perunjo, La Enseca* (Renedo).

En el lenguaje hablado los vecinos de Ajo decían en 1753, *mainz* (maíz), y Cubria hace decir, en una de sus novelas, a un personaje, *manjuelo*. Y en cuanto a mí, he comido de chico muchas manzanas de *Nánjera*.

La *l* también se usa hoy: *yelso, hilso*.

Síncopa de consonantes: Bóo < Bono, *Bao* < Vado, *Prao* < Prado, *Cao* < Cabo, *Pas* < * Paso, *Cóo* < Covo.

* * *

CARRERA: Del latín «carrus». Es palabra expresiva de camino o carretera, de muy antiguo empleo en Cantabria después de los moros. Pasó por la forma intermedia *Karraria* y *Carraria*, pero en tiempos coexistieron. Conozco, por DP[1], «Illa Karrera publica», en 1086; «Illa Karraria publica», en 1086; «illa carrera publica», en 1103; «carreria antigua», en 1139. Por esta época es mucho más frecuente encontrar en los documentos la palabra carrera que la de *vía*. Al hablar de solares o lugares, es corriente la frase de estar situados en, o cerca, de la «carrera antiqua»; y por eso es hoy muy abundante la palabra *carrera* en nuestra toponimia.

He sospechado si la palabra *carrera* derivada, como hemos dicho, del latín, tuvo en Cantabria la significación de lo que los romanos llamaban *actos,* es decir, camino por el que sólo podía pasar un carro, reservando las de *vía* y *calzada* para los de mayor anchura, propias para construídas por un pueblo como el romano en momentos de su tranquila posesión y con ansias de extender su cultura en el país conquistado. Después de los romanos sólo se construirían carreras, pues la pobreza característica del país no permitiría otra cosa. Pero la palabra *Vía* quedó aferrada al terreno, y así la veremos en este nuestro trabajo pidiéndonos agradecimiento para el pueblo que nos venció, pero que con sus comunicaciones facilitó la entrada de los que traían la Carta Magna de la bondad humana: la palabra de N. S. Jesucristo.

* * *

CASTILLO: Esta palabra, de origen claramente romano, y sus variantes, como *Castío*, etc., merecen muy especialmente nuestra atención, pues los sitios así llamados recuerdan o una obra del Pueblo-Rey o de los primeros siglos de la Reconquista. Escritores modernos, poco conocedores de nuestra toponimia, han solido llamar castillos a las torres medievales, obras de fortificación que podrían llamarse mixtas o cívico-militares; pues fueron costruídas, simplemente, como viviendas defensivas, sin pretensiones, en la mayoría de los casos, de carácter militar o de dominación del territorio. Verdaderas casas fuertes en contraposición a las llamadas *casas llanas*. Esto no quiere decir que no construyeran los romanos obras que se calificaron como *torres* y que de ellas perduren recuerdos en la toponimia. Tal puede suceder con *Toraya*, *Toranzo*, etc. Estas palabras ya estaban así formadas en los siglos ix y x, y documentadas.

Mas los lugares que de antiguo ostentan el nombre de *Castillo* son probablemente huellas de la presencia romana. La mayoría ocupan posiciones eminentemente estratégicas, que están demostrando, a la legua, ser obra de tan excelentes soldados como fueron los romanos. Unos se asentaban al final de las vías, asegurando así la entrada por mar en el territorio; otros protegían las vías, especialmente la de Agripa, trazada a lo largo de la costa, y, desde luego, se construyeron las que aseguraban los pasos al través de la Cordillera Cantábrica, permitiendo, o contrariando, la comunicación con la región que más tarde se llamó Castilla. Claro está que los objetivos citados no se excluían y había castillos que, conjuntamente, servían para conseguir varios de ellos.

Había castillos, también, que tenían por objeto asegurar un punto determinado, como las residencias de los altos mandos, y, desde luego, los que sin dejar de proteger una comunicación lo hacían de un punto determinado de ella, como puente, vado o barca.

Es típico en varios sentidos el *Castillo* de Solares, o sea el que se llamó *Cultellum Castrum*: muy dominante, sin que la subida fuera difícil ni molesta a sus ocupantes, aun cuando éstos ostentaran el calificativo de triarios; con acción directa sobre los pasos del Miera por barca y por el puente de Agüero, y sobre los dos caminos que pasaban por su pie procedentes de éste y que envolviendo el macizo de Cabarga —por Santiago de Heras y por Cabarceno— iban a pasar el Pas en Puente Arce y Puente Viesgo, respectivamente; y, finalmente, con su falda besada por un extremo de la hoy llamada Ría de Heras en que terminaba la amplia bahía del *Portus Blendium* (Santander), con lo que no hay que decir la gran extensión de tierra cántabra que quedaba sujeta a su vigilancia.

No era necesario, en verdad, exponer a los soldados que relevasen su guarnición a peligrosas emboscadas; pues desde el Portus Blendium y por la ría se llegaban a las arrancadas de su falda: cosa hoy imposible por haberse volcado sobre aquélla las tierras procedentes del lavado de las celebradas chirlas cabargueñas.

La circunstancia de ejercer los romanos el dominio del mar sin peligrosa contradicción por parte de los cántabros justifica la presencia de estos castillos en lugares que, situados lo más adentro posible, pudieran ser fácilmente abordados penetrando por las rías en las entrañas de la Cantabria baja. Así, el citado *Cultellum Castrum* y así el *Castio* de San Miguel de Arce, en donde, según el Padre Carballo, existen restos romanos. En el primero encontré yo hace muchos años residuos de construcción.

Las circunstancias tácticas de *El Castío* son análogas a las del *Cultellum Castrum*, y en cuanto a las estratégicas, le permitían su enlace, por la ría de Rada, con el *Portus Victoriae* (Santoña); el vigilar todo el Valle de Aras y comunicar, por vista de ojos, con el *Castillo* de Bueras y con el *castro* y *castillo*[2] de San Bartolomé; construídos ambos para facilitar el dominio del camino que, por el Hayal, pasaba a Ramales y a Castilla por el puerto de los Tornos.

La comunicación por mar desde el Valle de Aras estaba también protegida por el castillo que se levantaba sobre el alto de *Monteano*. Este, que fué una verdadera isla, tenía grandes condiciones defensivas; y así no es raro que en la Edad Media continuara ocupado con alguna modificación.

El castillo de *Vispieres* debió también ser obra de los romanos. Ejercía su acción vigilante sobre el paso de la *Barca de Barreda*, por la cual pasaba, Saja y Besaya reunidos, la Vía de Agrippa, y también el paso del Saja por el Puente de San Miguel. La vigilancia se extendía también a toda la ría de Suances —¿Portus Vereasueca?— y al llamado Puerto Calderón, que inmortalizó la pluma de Amós de Escalante en su novela *Ave Maris Stella*. En cuanto a sus condiciones tácticas, eran similares a las de todos sus congéneres[3].

El castillo de Vispieres aparece aludido en 998 (CS, XXXVII), tratándose de los lugares de Hinojedo, Barreda, Suances, Vispieres, etcétera: Aparecen las expresiones «so castello», «in costa de castello», que repetidas rodean el monte. En el siglo XIV pertenecía el castillo a la Corona y en 18-II-1371 se lo cedió Enrique II a D. Juan Téllez, hijo del Infante Don Tello.

En Ruiloba he encontrado sitios de *Castillo* y de *Castro,* siendo éste seguramente anterior a los romanos por ciertas razones que ya he citado en la primera parte. *Castillo y Castro* en la mies de Robledo en Rumoroso; *Los Castillos* en Oreña; *Castio* en Revilla de San Vicente sobre el camino real en 1753. En Ruiseñada persiste la *Peña del Castillo*[4] y en Puente de San Miguel la mies del *Castro,* recuerdos ambos de protección a la vía romana de la costa; y en territorio de Santillana encuentro en 1026 (CS, LII) un castillo llamado de *Misileo* que debía tener el mismo objeto (véase VÍA).

Muy interesante fué también el castillo que dió nombre a la peña sobre que se asienta y al actual pueblo de *Peña Castillo,* inmediato a Santander.

Desde su cumbre se vigilaba gran extensión de terreno hacia Poniente y, desde luego, toda la bahía del *Portus Blendium*, con lo cual la salida de tropas recién desembarcadas en éste para recorrer todo el territorio camargués inmediato, estaba asegurada. Su gran importancia topográfica la pregonan todas las vistas antiguas de Santander tomadas desde el mar, pues en ellas se destaca en su fondo, y como centinela avanzado de toda la bahía, la peña del Castillo, y ello en tiempos que no quedaba más que el vago recuerdo de su existencia. El inmediato lugar de *Adarzo* (¿ad arce?) pregona la estancia romana por sus alrededores.

Además de estos castillos, relacionados especialmente con las comunicaciones marítimas, construyeron los romanos otros para asegurar la vía de Agrippa y paralelas y otros para asegurar los puertos secos de la Cordillera Cantábrica, según hemos dicho. Todos quedarán detallados al tratar en la palabra VÍA.

* * *

CONCHA (La): Esta palabra, griega por su origen, pero adoptada por el latín, fué introducida por los romanos en nuestra toponimia y es —perdón por la inmodestia— de las que corroboran lo acertado del propósito, entiéndase para mi manera de trabajar, que me ha guiado al emprenderlo. La reunión de las palabras iguales para deducir, por lo que de común puedan tener los sitios afectados, su significado en la antigüedad.

La primera presunción al enfrentarse con la palabra en nuestra costa es, recordando las celebradas conchas de San Sebastián y el Sardinero, que se trata de la acepción 5 del Diccionario, o sea «Seno, a veces poco profundo, pero muy cerrado en la costa del mar». Esta acepción fué originada por el recuerdo de la costra de algunos crustáceos cuya forma, en proyección horizontal, es semejante a esos senos marítimos.

Si el azar nos conduce a conocer primero la *Cueva de las Conchas* en Ruiloba y sabemos que en ella aparecieron moluscos del asturiense, el ánimo se inclina a que ésta pueda ser la causa única de la existencia de la palabra en nuestra toponimia. Pero la continuación en el estudio, con la consiguiente acumulación en el fichero de *conchas* que nada tienen que ver con la orilla del mar ni con la existencia de cuevas en los lugares así llamados, nos lleva, probablemente, a una solución insospechada.

El conocimiento, por nuestra historia medieval, de la célebre *Guarda de Pie de Concha* —aduana interior, diríamos ahora— nos condujo a buscar el cuerpo a que ese pie pertenecía, y así supimos que más arriba de *Pie de Concha* existe *Media Concha* y, más arriba aún, *Somoconcha*; y que no existiendo un sitio preciso llamado Concha, los naturales del país llaman *La Concha* a los restos del camino romano de la cuenca del río Besaya. Y si tenemos la suerte de conocer al distinguido ingeniero de Montes Sr. Gandarillas, muy ducho en aquel terreno, él nos dirá que ha oído muchas veces a los hijos de la región expresarse de este modo: «He ido por la *Concha,* no por el atajo», y que la Concha es un camino empedrado, con grandes bloques, de unos 2,50 metros de ancho y con perfil curvo más elevado por el centro. Más nos diría el Sr. Gandarillas, y es que él cree que ese perfil

da al conjunto el aspecto de la concha de un ga-
lápago y que es probable que a esa semejanza
se deba el nombre. Y aquí, digo yo, no parece
ir descaminado nuestro amigo si atendemos a la
acepción 8 de nuestro Diccionario: «cualquier cosa
que tiene la figura de la concha de los animales».

Pues si ahora repasamos nuestro fichero nos
encontramos con que en 1752 había en Ruiloba
un sitio llamado *La Concha* por el cual pasaba la
Vía de Agripa, y otro, llamado *Las Conchas,* en
el cual había una tierra que confinaba por dos
lados con caminos; que en el lugar de *La Concha*
del valle de Villaescusa pasaba una calzada romana (la que venía del Escudo) y que, según me
ha dicho mi sabio amigo Marcial Solana, hay en
el pueblo sitios llamados de *la Concha,* y de *las
Conchas,* nombre este último para mí justificado
por ser encuentro de aquel camino con el de la
costa; que en Roiz existe el barrio de la *Concha,*
por donde pasaba un antiguo camino; que en La-
barces (Barrio de Valdaliga) hay sitio de la *Concha,* que no he estudiado; que en Argomilla de
Cayon hay sitio de la *Concha* con camino; que en
Liérganes hay sitio de la *Conchuela*; y, finalmente,
que, en la proximidad de nuestra provincia, está
la célebre, en nuestras guerras del siglo xix, *Concha* de Carranza, con camino seguro que sigue la
cuenca del Río Mayor. Y claro es que, saliendo de
nuestro territorio, no es posible olvidarse de las
Conchas de Arganzón y de las célebres *Conchas
de Haro,* caminos obligados por el máximo estre-
cho del terreno.

Y si los restos de caminos romanos han to-
mado en las regiones españolas diversos nombres sugeridos a los naturales de ellas por alguna

particularidad de su trazado —*geira* en Portugal, *Retorta* y *Lomba* en Galicia, esta última también en Cantabria por los giros y revueltas y obstáculos cruzados, o por estar construído su perfil en forma de albardilla, etc.[5]—, nada tiene de particular que ya no solamente para un camino, sino para todos los construídos con perfil de albardilla, como lo estaba el citado de la cuenca del Besaya, se adoptase el nombre de *Concha*, que con tanta abundancia ha llegado a nuestros días.

Mis jóvenes compañeros del «Centro de Estudios Montañeses» harán una buena obra dedicándose a la *pesca de conchas,* no ya solamente por las orillas del mar o río, sino por las crestas de las divisorias o sitios de *aguas vertientes,* como decían nuestros antepasados refiriéndose a nuestras simpáticas montañas.

* * *

CUARTA (La): procede del latín «quarta». Ignoro, con exactitud, el verdadero sentido de esta palabra en nuestra toponimia, palabra que aparece con mayor frecuencia en plural. En el siglo XI (cuando menos) era corriente en la Montaña el ceder, por escritura o testamento, «mi *cuarta*», «nuestra *cuarta*», etc., cesión que si era de terrenos pudo afectar a la toponimia como sucede con otros casos análogos que he observado. Pero no creo sea por ahí el origen de la locución.

Recorriendo los lugares que conozco he encontrado: *La Cuarta*, sitio de Revilla de San Vicente por el cual pasaba en 1753 el Camino Real; *Las Cuartas,* sitios, en aquella fecha, de Arnuero, Gajano, Pámanes, Riaño, Seña, Renedo de Piélagos y

Comillas. En Miera había las *Acuartas* (*a* protética) y en Bádames, *El Pumar de Cuartas*.

Por *La Cuarta* o *Las Cuartas* de Revilla, Pámanes, Comillas y Renedo pasaba el Camino Real y habrá que comprobar si en los demás lugares pasaba lo mismo. Es conocido el nombre de *Cuartas* que tiene la pareja central de mulas en los coches o carros que son arrastrados por tres parejas, y en Andalucía llaman también *Cuarta* la mula que sirve de guía, y en Méjico el látigo con que se la arrea. Pudo llamarse con el nombre de que tratamos el sitio en que se cobijaban las mulas para acudir en ayuda de los carros para el paso de los sitios difíciles, conservándose aún el nombre de *encuartes* para las mulas empleadas con tal objeto.

Relacionado con *cuarta*, y naciendo acaso por cambio de sexo, conozco *El Cuarto*, sitios de Noja y Loredo, y *El Cuartel* en Loredo, nombre éste que tuvo significación de *cuarta*, aunque solamente refiriéndose a la parte de un todo.

El nombre de *El Cuarto* pudo nacer —siempre con referencia a camino— al tratar de los miliarios de los caminos romanos. Así nació el campo de *El Cuarto* —*Cuarte* en Valencia—, situado en las inmediaciones de esta capital, y en el camino romano para Castilla y que señalaba, según D. Ramón Menéndez Pidal (*Cantar de Mio Cid*, t. II, pág. 881) el cuarto mijero [milla]. Todavía se conserva en la Perla del Turia la interesante Puerta del *Cuarte*.

Resumen: aquí hay asunto de investigación para nuestra gente joven. ¿Cobijo de encuartes? Esto puede averiguarse preguntando mucho a los ancianos agarrados al terruño. ¿Mijeros? Para ellos reunir todos los sitios de las palabras Cuarta, Cuartas, Cuarto; medir las distancias por los caminos antiguos que las unan y comprobar así la existencia de éstos.

* * *

ESTRADA: Palabra procedente del latín «Strâta», expresión de camino o calzada. Aunque no en gran abundancia, he encontrado el nombre en nuestra topografía con la expresión citada. Conozco el barrio de *Estradas*, en el Valle de Hoz, al pie de la bajada del paso de Jesús del Monte, del camino romano de la costa; y, efectivamente, como veremos, en aquel sitio hay bifurcaciones. En DP del año 1210 encuentro en Anero un sitio llamado *Estrada*; en otro lugar *Fuente de Estrada*, por la cual pasaba, efectivamente, un camino. En 1753 *El Campo de la Estrada* en el camino de Riocorvo a Mazcuerras, con certeza de camino romano; *Estrada* en Cabezón de la Sal; *Estrada* y *Estrado* en Comillas, sobre el camino de la costa, y, finalmente, el *Coto de Estrada,* también sobre el camino romano de la costa.

* * *

GUINEA : Es palabra justificativa o expresiva de comunicación según el ilustre D. Ramón Menéndez Pidal *(Cantar de Mio Cid,* I, pág. 45). Yo la he encontrado corrompida en Vioño: «Guina de Arriba».

* * *

HORCA: Esta palabra —*forca* antiguamente— es representativa de cierta clase de hoces y aun, mejor, collados; pues hame parecido ser pasos en general secos. Una a modo de comprobación es la expresión antigua que he leído de *Collaina* u *Horcadina* de Cuevarrobres (Liébana). Cuando, como sucede en Anero, no andan lejos sitios llamados La Horca y Matanza el pueblo no ha dudado en basar en ellos terroríficas leyendas.

Son variantes *La Horcada,* límite de Trasmiera «en aguas vertientes» y, por tanto, collado seco, existiendo también la palabra en Polanco; *Las Horqueras* (Renedo); *El Horcajo* (Polanco); *Horga, Horguía* (Ibio, Viérnoles y Cohicillos); *La Jorga* (Ibio y Cóbreces), con el empleo de *H* aspirada, propia de Asturias de Santillana; *El Horco* (Treceño); *El Horcón* (Gajano), *Val de la Horca* (Castillo).

Con el uso del prefijo ibérico *Ca-,* y por tanto con tendencias de antigüedad, conozco a *Calahorca* (Arnuero). Pero, acaso por evitar el hiato, presumo de haber encontrado un prefijo *Co-* que aparece con mucha frecuencia: *Los Cohorcos* (Miera y en Cohicillos); *Cojorcos* (Cohicillos, en donde por aspirar la *h* no hacía falta el prefijo *Co-*); *Cohorco* (Hoz en Trasmiera); *El Corco* (Isla); *La Corca del Aro* (Secadura); *El Corcoval* (Treceño).

Pero la palabra más simpática de las derivadas de Horca, y con empleo del prefijo *Co-,* es la de *Corcada,* que me comprueba la significación de *Collado.* Por la *Corcada* iba el antiguo camino de Solares a Heras, y por otra el de Agüero a Setién. En este pueblo dió nombre a un barrio y lo mismo sucedió, y por el mismo motivo, en San Bartolomé de los Montes (Valle de Aras). El paso de Hermosa a Liérganes se llama de la *Corcada* y por él iba un camino romano que dejó otras huellas en nuestra toponimia.

En 1753 un vecino de Riotuerto y otro de Liérganes llaman *La Cohorcada* a un sitio común de separación de los lugares. El *terreno* montuoso y límite, sería un collado seco, desde luego. La primitiva palabra sería *Horcada* y el prefijarla con el ibérico *Ca-* se encontró más fácil inventar el *Co-*.

* * *

Muno, Muño y Muñeca: En el *Diccionario Castellano-Euskera* de López Mendizábal, aparece la palabra *Muno* con los significados de «cerro», «colina», «ribazo», «otero»; y la de *Muño* con los de «colina», «otero», «altozano» y «elevación del terreno». Las dos palabras, en mi opinión, son una misma cosa, palatalizada la *n* en la segunda, lo que no debe modificar el significado.

La palabra es muy corriente en Cantabria y el significado el mismo de «altura». Conozco *Monio, Monia* y *Munia* (Ajo, Cóbreces, Concejo de Ibio, Renedo de Piélagos, San Pantaleón de Aras); *Monillo* o *Munillo* (Ajo, Guriezo, Seña); *Los Muñones* (Ruiloba, Secadura, Soba); *La Portilla de Muñones* (Ruiloba), que son dos palabras que se ligan perfectamente; *Remonillo* (San Vicente de la Barquera); *Omoño,* lugar trasmerano en cuyo nombre se emplea el artículo *O-*; *Monifrías* (Arnuero); *Monijones* (Lobio); *Muñigo* y *El Muñique* (Renedo de Piélagos); *Omoñite* y *Manite* (Ajo, probablemente el mismo sitio).

Los Manianos, de Nates, es probable sean, por error, *Los Monianos. Monar* y *Munar,* la misma palabra expresiva de un barrio trasmerano, es posible proceda de Mulinar, pero no es seguro.

Entre los derivados de la palabra estudiada es la más interesante la de *Muñeca,* cuyo sufijo ibérico *-eca* nos está gritando el verdadero origen de aquélla. Muñeca figura en documentos antiguos medievales: en DP aparece *Moneka del Collado* (1086), palabras que se unen con mucha simpatía; *La Moneka* y *La Monueca* (1210) en Trasmiera.

Menéndez Pidal cita (*Orígenes,* pág. 336) otros varios ejemplos: «illa *Monneca*» (en 1011, por Oña); *Muñeca* (Palencia); *Las Muñecas* (León, Soria, Oviedo).

Nosotros tenemos hoy día (1752): *La Muneca* (San Pantaleón de Aras); *La Moñeca* (Ríotuerto); *La Moneca* (Heras, Parbayón y Revilla de Valdaliga); *Las Muñecas,* collado entre Santiago de Heras y Pámanes o Cabarceno, en el alto del Monte Cabarga; el célebre Alto de las *Muñecas,* collado entre Mercadillo y Castro-Urdiales, que tanto sonó en la última guerra carlista.

En resumen: *Muñeca* o *Muneca* es palabra derivada de *Muño* o *Muno* y con el empleo del sufijo ibérico *-eca*; su significación es «alto» o «altura» y «pico». Por tanto, las *Muñecas* es expresión de «collado» que se hace, naturalmente, entre dos muñecas o picos. El de Cabarga y el de Castro lo comprueban.

El Diccionario de la Lengua ofrece seis acepciones para *Muñeca* y, entre ellas, la de «hito» o «mojón» de piedra para conocer la dirección de los caminos y límite de territorio. Las alturas, propias son para límite; pero creo que nuestras muñecas son expresivas de «altura».

* * *

Q<small>UINTANA</small> (La): Esta palabra, aportada por los romanos, abunda en Castilla la Vieja; no faltando en nuestro territorio con sus variantes *Quintanilla*, *Quintano* y *Quintanal*. Llamaban éstos —en el campo, que es buena aplicación para nuestro suelo—, *quintana* a una plaza pequeña, y así llamaban también a los mercados.

En los campamentos había una *vía* llamada *quintana* y en los de mayores dimensiones las *Vías Quintana* terminadas en puerta que tenía el mismo nombre (Quintana porta).

Femández Guerra (*La Cantabria*) da a entender que *Quintana* era palabra expresiva de término; pero no lo justifica, dejando la explicación para mejor ocasión, según él mismo manifiesta. Tomando la palabra como puerta de fortificación podría, por conocido tropo, representar el total de ésta, y si aquélla defendía una frontera resultar efectivamente la palabra Quintana expresión de límite.

Yo recuerdo ahora en nuestro territorio *Quintana* en Ajo, Arnuero, Cabárceno, Castillo, Cóbreces, Heras, Noja, Oreña, Pámanes, Polanco, San Pantaleón de Aras, Solórzano y Zorita; *Las Quintanas* en Isla, Meruelo y Renedo; *El Quintanal* en Cóbreces, Hontañón y Pámanes; *Quintanilla* en Ceceñas, Heras e Isla.

No he podido estudiar de visu todos estos lugares; pero, desde luego, he encontrado muchos relacionados con caminos antiguos, lo cual nos atrae hacia Roma. En 1210 encuentro en Solórzano, además de *Quintana, Quintana del Ree*, cuyo sitio estaba sobre la «carrera antigua», es decir, sobre la Vía de Agripa, lo que nos arrima a fortificación que la defendiera, así como nos demuestra la perduración del camino que cayó bajo el Real dominio. Por la *Quintana* de Zorita pasaba el siglo xviii el Camino Real. En Cóbreces había *La Quintana de Somavia*, también inmediata a la vía de la Costa; y muchas *Quintanas* que fueron barrios (Solórzano, Cabarceno, San Pantaleón, etc.) tenían su camino correspondiente como lo tenía *El Quintanal* de Cóbreces.

El Palacio de *Quintana* en Oreña andaba cerca de Nuestra Señora de la Guía; y la casa de los *Quintana,* en territorio limítrofe de Pámanes y Cabarceno, pudiera reflejar límite antiguo de las Merindades de Trasmiera y Asturias de Santillana.

* * *

Sedo: Esta palabra liga nuestra toponimia con la asturiana, en cuya región tiene aún vida la palabra con significación de «paso malo en terreno de montaña». Tenemos en el límite occidental de Trasmiera el barrio de *Elsedo*, en el cual se construyó el palacio tan conocido. Por una contracción muy corriente en Cantabria (como de «a el Varado» nació Alvarado, de «a el vear» Alvear, etc.) se le llamó al sitio del palacio *Alsedo*. Aunque no fué paso excesivamente dificultuso el del pequeño contrafuerte que parte límites de las dos merindades y por donde cruza el camino romano, de que luego hablaremos, como procedente de Puenteagüero, tuvo, sin embargo, prestancia para llamarse Sedo. En CE compruebo ser *Sedo* la base de Elsedo. La mayor parte de los vecinos de Pámanes dicen «barrio de Alsedo»; uno dice *Alcedo* erróneamente y unos cuantos, con verdadera atención al origen, dicen término de «a el Sedo».

Conozco también: *El Sedillo* (Entrambasaguas); *Sedayo* (Arnuero); *Sedeña* (Anero); *Valsedo* (Vioño); *El Sedo* (Oruña); *Colsedo* (Seña, San Migual de Aras) = Co + el Sedo.

* * *

Viesca: Es palabra común a la toponimia del Norte de la Península (Oviedo, Santander, Alto Aragón). En dialecto asturiano *biesca* es «bosque formado de un monte» y *biesquera* «boxaje».

Menéndez Pidal resume así la opinión de varios escritores asturianos[6]: «Más comúnmente hoy aparece en forma masculina, desconocida a la toponimia: *Biescu*, «sitio plantado de matas, robles, castaños y otros árboles silvestres nuevos trasplantados o nacidos allí; bosque» (Junquera Huergo); «plantación de árboles de semilla y semillero de castaños, robles y avellanos» (Rato); «bosque de poca extensión» (Vigón).

Menéndez Pidal, por su parte, manifiesta: «creo que se trata de vescus (obscurum, densum, spisum)».

El mismo ilustre sabio [7], hablando de la palabra *Viesgo*, dice procede de Věrsǐcu, del participio versus (vuelto, torcido), añadiendo: «De aquí el *besgo* asturiano, el leonés *bisgo* y el castellano *bizco*. Es imposible separar las formas con *be* occidentales de las centrales con *bi*. Su punto de unión está, sin duda, en una forma primitiva de la región central *viesgo*, que sobrevive tan sólo en la toponimia: *Puenteviesgo*, en Santander, es un lugar que tiene un notable puente sobre el río Pas, con un ojo de grandes dimensiones y otros de menor tamaño». Finalmente, añade que «recuérdese que en esa región Norte sobreviven otros *ie* por *i* (aviespa, viéspera)».

Mi erudito amigo D. Luis Hoyos (*Santander*, pág. 137) da a entender que las *viesgas* son hoces pequeñas, pues dice que «*gandaras*, bárcenas o cuérnagos son obra de los ríos al divagar por terrenos impermeables, *tremedales* o *vilgas*, en que se origina turba o nacen los pantanos, cuando el río no logra hacerse paso por pequeñas *viesgas* o grandes hoces, formando cascadas o torrentes cada vez más fuertes, etc.» El mismo buen amigo me citó, en 1940, dos o tres casos (por Campóo) en donde se dice *la viesca* y siempre refiriéndose a hoces pequeñas.

Finalmente, Philipon (*Les Ibères*) supone al *vesca* que entra en los antiguos nombres *Virovesta* y *Vativesca* un simple al cual llama *vesci*.

Refiriéndome ahora a mis propias observaciones por Cantabria, encuentro el barrio de *Viesca* en Liendo, por donde pasaba el más antiguo camino de la costa; el barrio de *Viesca* en Orejo, por donde pasaba la vía de Agripa y en él se conserva la ermita hoy llamada del Carmen y antiguamente del Camino (la Virgen de); *Viesca* en Parbayón, por donde debía de pasar el camino procedente del Puente de Solia; *Viescas* en Entrambasaguas y Loredo y *Viascas* en Oreña, palabras que más parecen expresar conjunción de vías que de bosques. Finalmente, por *Viesgo* pasaba una calzada romana de las que más residuos quedan en el terreno y cuyo puente ha sufrido últimamente una reforma desafortunada; y el castellano río Oca toma el nombre de *Vesga* cuando, ya unido al Omino, pasa por Oña, sigue por un desfiladero entre rocas hasta el puente de la

Horadada, por el cual y por debajo de la célebre piedra iba el camino de Bilbao.

Si ahora reconocemos, como hemos visto comprobado por Hoyos Sáinz, la similitud de los muy primitivos sufijos -*esca* y -*esga*; si añadimos lo corriente en nuestra toponimia de cambio de *e* y de *i* y del paso *ei* a *i* y, finalmente, la pletórica abundancia de *Vía* en aquélla, me permito creer que ésta figura en todas las palabras que he citado de propia observación y que no se opone a ello la acepción de «hoces pequeñas», pues es natural que por ellas pasasen los caminos.

VÍA

Es palabra muy interesante y sobre la cual debo llamar la atención. Su perduración en la toponimia, aun en los sitios donde no se recuerda comunicación desaparecida, nos permite reconstituir las que los romanos construyeron durante su dominación. En los siglos x y siguientes se fué sustituyendo por la palabra *carrera*, que en las escrituras trasmeranas conocidas figura con preferencia. Lo mismo ocurre en Asturias de Santillana, y en las líneas que siguen haremos referencia, en ambas regiones, a escrituras en que las palabras aparecen.

El recuerdo de las *vías* quedó en las toponimias montañesa y vizcaína (bide), y deben ser recogidos los recuerdos con cuidado para formar, en unión con otros, la red primitiva de nuestros caminos. No hay razón de peso para negar la existencia de caminos —siquier con el carácter de simples trochas— en tiempo de los cántabros;

antes por el contrario la lógica parece comprobarlo, pues la energía que la raza demostró cuando se trató de dominarla nos habla de su poca propensión al *nirvanismo*. También consta la costumbre cántabra de ocupar las alturas, en muchas de las cuales aparecen recuerdos prerromanos, y es más que probable que no sólo las viviendas, sino los sitios de adoración o templos y las obras defensivas, por aquéllas andarían también. Por tanto, los romanos al dominar el territorio tuvieron en esas alturas y en esos caminos una primera base de existencia. Los hallazgos en muchas de ellas comprueban la superposición de ambas culturas.

Claro está que los romanos impusieron en todo el sello de la suya superior y así los caminos serían ampliados y mejorados en trazado y en firme, haciéndose además patentes los conocimientos bélicos del Pueblo-Rey. La contemplación de los en que consta la intervención de éste lo comprueba, pues huyen de los pasos dominados, y donde era evidente el peligro de emboscadas o de ser factible el corte de la comunicación (pasos de cursos de agua por barca o puente), defienden éstos con obras de fortificación. Los nombres *castro*, *castillo*, *arce*, *torre* (con las limitaciones que exponemos sobre esta palabra) existentes en nuestra toponimia lo comprueban y, a su vez, sirven para investigar los pasos borrados de antiguas comunicaciones.

Es fácil darse cuenta, sin embargo, de que no siempre predominarían en los caminos construídos por los romanos las razones de orden militar. Estas, fundamentales en el primer siglo de la conquista, fueron después dejando el paso a las de orden económico o técnico ingenieril, y así existen muchas que discurren por el hondo de los valles sujetas a dominaciones peligrosas; pero en cuanto a los puntos de fuerte tipo militar no fueron nunca olvidados los auxilios del arte fortificatorio, tanto en previsión de alteraciones interiores como por la posibilidad de ataques por la costa.

Después de los romanos no hubo en nuestra historia momentos oportunos para entregarse al problema de obras públicas; sobre que aquéllos lo debieron dejar sobradamente atendido. La influencia goda fué muy tardía en la Montaña y sólo posible cuando la invasión morisca reconcentró en el Norte grandes masas humanas huídas ante su empuje. Tampoco convenía a éstas la construcción de nuevos caminos que pudieran facilitar las correrías del enemigo y, por tanto, si algo se hizo sería cerrar con obras de fortificación aquellos lugares en los cuales la acción del clima hubiera relajado las muchas que los romanos nos dejaron.

Creo, en resumen, y como una consecuencia del estudio realizado, que de manos de Roma salió nuestro territorio surcado por numerosos caminos, que si no tuvieron en general la prestancia de las grandes calzadas que en el Itinerario de Antonino o en el anónimo de Rávena figuran, y de las cuales aun perduran algunos recuerdos en aquél, sí lo suficientemente transitables para caballos y carros cuya sencillez y falta de muelles conocimos y sufrimos en nuestra juventud. Desde este punto de vista no creo que tuvieran nada que admirar los romanos del siglo v si vueltos a la vida hubieran recorrido la Montaña en aquellos momentos en los que Fernando VI inició en España la construcción de las seis grandes vías radiales y la de sus ramales supletorios. Y si nos referimos a Trasmiera, aparte de la carretera que el pasiego Solana construyó por el Alto de Alisas en 1839 desde la Cavada a Ramales, todo lo demás eran callejos más o menos anchos y con firmes más o menos fortalecidos.

Otra excepción hemos de hacer del camino que en el siglo XVIII se construyó desde Liérganes al embarcadero de Tijero para sacar los productos de las fábricas de Artillería de aquel lugar y del de La Cavada[8].

Pero entre todos estos que hemos calificado de callejos se distinguen algunos por su máxima prestancia, por anchura, entretenimiento más cuidado y, principalmente, por servir de enlace con las regiones colindantes. Estos caminos son los llamados —en el siglo XIV consta— «Caminos del Rey», «Caminos Reales», «Rúas o calles Reales», a su paso por los poblados de su trazado, distinguiéndose así de los más modestos, llamados «caminos concejiles», «peoniles», «camberas» y «carreras», etc.

Una vez alejado el peligro de moros en el territorio de Peñas al Mar surgió, o se puso en mayor relieve, la necesidad de conservar los caminos y facilitar su tránsito y defensa por un hecho de todos conocido: la afluencia de peregrinos atraídos a Santiago de Galicia por la existencia en este lugar del cuerpo del Santo Apóstol. No siendo posible al principio, por lo peligroso, el paso por el Sur de la Cordillera Cantábrica, utilizóse la Vía de Agrippa, que este general romano trazó a lo largo de la costa. De este camino, así como del que se atribuye a D. Sancho el de los Buenos Fueros por el Sur de la cordillera, se debieron encargar los templarios a su venida a la Península[9]. Esta esclarecida milicia a favor de los bienes que los reyes les anejaron y de su entusiasmo por la religión, jalonó el territorio con puentes y obras de fortificación que lo defendieran. De ello resultó lo que era lógico, o sea la coincidencia en los puntos estratégicos del recuerdo de romanos y templarios.

No obstante la fuerte tradición que persiste en la Montaña de la permanencia en ella de la esclarecida milicia, ha sido negada por muchos escritores, entre los cuales figura el benemérito Lasaga y Larreta. Son suyas estas palabras (*Santa María del Yermo):* «Muchas veces se confunden las dos órdenes del Templo y de San Juan de Jerusalén, que si bien nacieron en la misma población y en el principio las dos instituciones se proponían igual objeto, luego se diferenciaron»; y estas otras: «y aunque en la Montaña se citan varias casas de templarios, en realidad no fueron sino de hospitalarios, según he tenido ocasión de ver en documentos fehacientes».

Es lástima no se especifiquen estos documentos fehacientes; pero adelanto la idea, que luego quedará mejor aclarada, de que estas citaciones de templarios, perdurando por encima de los sanjuanistas, que fueron sus herederos, es altamente significativa.

Por lo demás, el mismo ilustre escritor se desdijo de su opinión expresada en algún otro lugar como en *Dos Memorias,* pág. 34. De esta opinión, o sea la de que los templarios residieron en la Montaña, participo.

El problema puede plantearse del siguiente modo: consta que los caballeros de San Juan, que desde el siglo xvi se llamaron de Malta, poseían, al extinguirse los señoríos, en la Montaña, amén de otras posesiones, muchos sitios estratégicos que vamos a ver desfilar por estas páginas. Es también cierto que al extinguirse, al empezar el siglo xiv, la Orden del Templo, los sanjuanistas heredaron parte de los bienes, pero no todos, como hemos probado en nuestro libro *Liérganes* y corroboraremos en éste.

Surgen, por tanto, las siguientes preguntas: los bienes de los san juanistas, ¿los poseían éstos desde los primeros tiempos de su establecimiento en España, sin trámite intermedio de templarios, o fueron consecuencia de la herencia de éstos? ¿Hubo cesión primitiva y conjunta a ambas órdenes, y sobre lo propio sumaron después los de San Juan lo de los Templarios? No me es fácil contestar categóricamente a estas preguntas en lo relativo a la Montaña, pero sí *me inclino* a la opinión de que los primeros poseedores de los bienes en aquélla fueron los templarios, y no ya *inclinación*, sino *afirmación* rotunda es la de que éstos existieron en aquélla hasta su extinción.

En la parte occidental de Cantabria, nos dice el Sr. D. Juan Uría en su libro *Las fundaciones hospitalarias en los caminos de la peregrinación a Oviedo* (Oviedo, 1940), que sabe de muchos hospitales, algunos de ellos muy antiguos, en los cuales no tuvieron intervención los sanjuanistas; pero *sospecha* que éstos fueron muy protegidos por Fernando II, y con este motivo habla de las primeras referencias a la orden que ha encontrado: 1.ª En fecha imprecisa (¿1146?) Doña Sancha, hija de Urraca, y Don Ramón (los reyes), hacen donación de una heredad que tienen en Asturias, y que se llama *Arenes*, a la orden de San Juan. 2.ª Más adelante (¿siglo xiv?) D. Rodrigo Alvarez, de Asturias, expresa: «Otrosí que el hospital que

94

es en tierra de Siero, mando que lo desembarguen a la Orden de San Juan, cúyo es».

Todo esto es poco preciso, pero nos habla de sanjuanistas de primera instalación en Asturias. Para la parte oriental de la provincia montañesa y para su propio núcleo hay un documento —*El Becerro de las Behetrías,* 1352— que nos puede responder a algo de lo que deseamos averiguar. Por él consta la existencia en esa fecha de pueblos y bienes de la Merindad de Castilla la Vieja propiedad de los sanjuanistas. En el territorio de aguas al Ebro aparecen muchos, casi todos del actual partido judicial de Villarcayo (Gobantes, Villamentín, etc.). En el Valle de Mena figuran Vallejo, que fué con el tiempo cabeza de la Encomienda a la cual pertenecían los bienes de la Orden en Trasmiera, Cadagua, Bárcena, Lezana, Concejero, Anzó, etcétera. Estos lugares, o alguno de ellos especialmente, afirmaban en su poseedor el paso de la calzada romana que, procedente de Puente Dei, llegaba, recorriendo el valle desde Iruz y Arceo, hasta la costa en Castro-Urdiales.

Pero vamos ahora, y con el mismo Becerro, a estudiar nuestra provincia. En la Merindad de Trasmiera sólo aparece Nates (Natas pone el libro), y aunque se dice que pertenecía al *Monasterio de San Juan,* supongo que se trataba de la Orden del mismo nombre, porque Nates lo fué, en efecto. Nates barreaba, en unión de otros lugares, la calzada romana que, desprendida de la citada anteriormente, bajaba por los Tornos a Ramales y por el Alto del Hayal entraba en el Valle de Aras. Es cierto que en el Becerro la Merindad de Trasmiera está muy incompleta, pero lo que expresa, como veremos, es muy bastante a nuestro propósito.

En la Merindad de Asturias de Santillana, muy detallada en el Becerro, sólo consta, como perteneciente a la Orden de San Juan de Acre (así se llamaba antes de fijar su capitalidad en Rodas y Malta), el lugar de Tejo, y eso que nos consta que hay muchos lugares con tradición de templarios, y en algunos más que tradición, y saber que posteriormente hubo Encomienda de *Puente Viesgo*, según leo en el libro *La soberana Orden Militar de San Juan de Jerusalén o de Malta*, por un caballero de la Orden (Madrid, 1899). Y como nos consta (Camino) que, en 1404, Puente Viesgo era de behetría, tenemos una prueba de adquisición posterior por la Orden en Asturias de Santillana; cosa análoga a lo que hubo de ocurrir en Trasmiera, en la cual consta que en el siglo xv había un bailío de la Orden de San Juan.

En Liébana ignoro hubiera pueblo perteneciente a la Orden de San Juan, pero sí en Pernia y en la Meridad de Aguilar de Campóo, en la cual los hay que marcan el paso de la calzada romana que descendía después por el valle del Besaya.

* * *

Echando una mirada a los libros que han hablado de los templarios encontramos a D. Joaquín Lorenzo de Villanueva (*Viaje literario a las iglesias de España*, tomo V); A. Benavides (*Memorias de Fernando IV de Castilla*, tomo I); D. Vicente de la Fuente (*Historia eclesiástica de España*, tomo IV); Mariana en su celebrada *Historia*; y Garibay, de quien dicen se ocupó mucho de aquéllos. Mas de todos ellos se saca bien poco en los detalles, llegando a decir el Sr. Lafuente que «de la suerte de los Templarios en Castilla apenas se sabe más que lo referido por Mariana».

Entre lo poco que nos interesa se puede colocar el hecho de que fué San Bernardo quien dió las reglas por que se rigieron los templarios; que entraron en España cuando reinaba Alfonso VII el Emperador; que en 1150 les concedió éste a Calatrava, que abandonaron por los muchos gastos a que les obligaba su conservación, siendo este hecho, como es sabido, la causa de la fundación española de la orden de aquel título y, por último, que Alfonso VIII fué gran admirador y protector de los templarios. En cuanto a Mariana, que enumera los bienes de la Orden al desaparecer, lo hace en forma, como luego veremos, que no nos permite sacar consecuencia útil a nuestro empeño.

Yo no he encontrado documento fehaciente que pruebe la existencia de los sanjuanistas, en los siglos XII y XIII, en la Montaña, y aunque tampoco la he encontrado contundente de la de los templarios, sí, en cambio, pruebas suficientes de que éstos residieron aquí y que es lo más probable, por tanto, precedieran o, a lo sumo, llegaran a aquélla conjuntamente y, desde luego, que heredáronles los sanjuanistas en bastantes parte. El ser Alfonso VIII gran protector de los templarios y fundador de las Cuatro Villas de la Costa (Castro, Laredo, Santander y San Vicente) fueron motivos suficientes para establecerlos en nuestra ribera.

Penetrando en las entrañas del *Becerro de las Behetrías* nos encontramos el caso típico de *Liérganes*. Yo he probado en el libro que sobre este lugar he publicado que la iglesia de San Sebastián, que constante tradición supone perteneció a los templarios, tiene todos los caracteres típicos de pertenecer a una orden militar, y ello resulta más claro haciendo el estudio de otras iglesias que a los sanjuanistas pertenecían en el momento de la extinción de los señoríos en el siglo xix. Fué, pues, de una de las dos órdenes: de la de San Juan no era en 1352, pues bien claramente se expresan en el *Becerro* los señores; tampoco lo era al final del siglo xv, en el cual particulares de la región, y el pueblo mismo, ejecutaban obras, y a manos de éste llegó en nuestros días. Luego fué, con seguridad de acierto, de los templarios; pues no parece lógico que siendo *ab initio* de los de San Juan se quitase ya en 1352 el señorío.

Este mismo argumento es aplicable a otros lugares de Asturias de Santillana, en los cuales hay tradición de templarios y no consta posesión, posterior a su extinción, por los caballeros de San Juan.

Hay otros indicios comprobatorios de la existencia de los templarios en la Montaña[10]. Como veremos luego, varios lugares del Valle de Iguña, dependían al extinguirse los señoríos, si no políticamente sí desde el punto de vista religioso, del Priorato de Arbejal (Pernia), y este priorato dependía, a su vez, de la Encomienda de las Siete Villas de Campos. En 1352 Arbejal era en su mayor parte de los sanjuanistas, pero, en cambio, un lugar próximo llamado *Rabanal de los Caballeros* era solariego e independiente de aquéllos. ¿Qué caballeros serían éstos? Los de San Juan no es lógico, pues no les habían de quitar algo que fuera suyo con anterioridad a 1352, y, en cambio, a los templarios sí consta, como sabemos, que les quitaron lo que poseían.

La parte de Arbejal que no era de los sanjuanistas era del Infante Don Tello, hijo natural de Alfonso XI, y al cual este rey, y más tarde su hijo, el también bastardo Enrique II, heredaron copiosamente en el Norte de la Península. En el *Becerro* abundan los lugares que manifiestan haber sido del rey y cedidos después por éste a Don Tello. Sospecho que muchos de estos bienes de que tan pródigo se mostró Alfonso XI debían de ser de reciente adquisición de los templarios, como lo debía ser el total de Arbejal repartido entre la Orden de San Juan y Don Tello, no alcanzando la cesión de Rabanal de los caballeros, templarios según mi sospecha.

Finalmente, y esto ya es más serio, el ilustre cronista burgalés D. Luciano de Huidobro publicó en el *Diario Montañés* (30-X-1933), con el título «Los templarios en la Montaña», un artículo según el cual, en 1516, los testigos de una información hecha en el lugar de San Martín de Mazcuerras, afirman que la iglesia fué antiguamente de *frailes contemplarios,* palabras éstas que por la misma época, y procedentes de la misma vía, subsistían en Sasamón (Burgos). El Obispo de Burgos poseía en aquella fecha, y con análogo origen, bienes en San Martín, Cohino, Cos, Ibío, Peredo y Torres. En San Martín subsistían los cimientos de lo que fué monasterio, y recuerdos del castillo poseído por los templarios. Tenemos aquí una comprobación más de lo que expuse en mi libro *Liérganes* de que no todo lo de éstos recayó en los de San Juan, y la absoluta de que los templarios residieron en Mazcuerras, pues no los iban a confundir en 1516 con unos sanjuanistas que no habían estado allí nunca.

Todo esto hubiera quedado bien aclarado si el Padre Mariana en su celebrada *Historia,* al hablar de la extinción de la Orden del Templo, hubiera especificado *todo* lo que ésta poseía. Desgraciadamente, después de enumerar (Libro XV, c. X) una gran parte de las posesiones y bailías, termina el párrafo diciendo: «Hasta aquí la citación. Otras casas, haciendas y lugares que tenían debían reducirse y ser miembros de las bailías susodichas». Y el mismo autor remacha lo que hemos venido sosteniendo, pues al tratar de la decisión del Concilio de Viena (1311) de extinguir la Orden templaria y adjudicar sus bienes a la de San Juan, añade: «Sólo en España no admitió esta adjudicación por la grande guerra que tenían contra los moros en este tiempo y cada día se esperaba más».

Reflexionando sobre todo lo expuesto opino lo siguiente: al desaparecer la Orden del Templo por el acuerdo de Viena de 1311, el Rey de Castilla, y no obstante lo en ella ordenado, dispuso de los bienes de la Orden —cohonestando su desobediencia con las necesidades castrenses—, de los cuales entregó alguna parte a los de San Juan y otras las repartió según sus necesidades. Los pueblos de Trasmiera y Asturias de Santillana se debieron mostrar muy próximos parientes de la fenecida Orden y además con ánimos para heredar lo que buenamente cayera. Fué precisamente el reinado de Alfonso XI el que vió florecer a los Agüeros, Solórzanos, Garcilasos, etc., y con la concesión a los primeros, en beneficio público, del derecho de Alcabalas a Trasmiera, debió tocar a unos y otros algo más enjundioso y personal.

Desde luego, Liérganes en 1352 era rica viña para el gran Pedro González de Agüero; y por lo que dice el Sr. Huidobro, no fueron sólo los pobrecitos montañeses los que acudieron a la testamentaría; pues también la mitra burgalesa sacó no menguada astilla.

Posteriormente, y siempre bajo la égida de la bula de 1311, la Orden de San Juan procuraría recobrar lo que pudiera y menos dificultades exigiera para ello, y así aparece el bailío de Trasmiera en el siglo xv y así la encomienda de Puente Viesgo en fecha imprecisa, pero quedaron libres muchos de lugares que habían sido de la órden o quedaron en poder de los señores o entidades[11] a quien Alfonso XI los cediera en recompensa de servicios reales o supuestos.

Para finalizar esta primera parte de nuestro estudio sobre las vías hablaré de otra institución que, también religiosa, precedió a las militares en el arreglo o construcción de ellas. Fué la fundada por Santo Domingo de la Calzada. Aparecen en los documentos medievales algunas obras patrocinadas o ejecutadas en honor de este Santo. Tal, por ejemplo, la barquería que en el siglo xi, y en Ortiguera, se estableció bajo el patrocinio del Santo en una iglesia «in honore Sancte Dominice ut peregrinis et pauperis, viduis, orfanis, opressis, claudis, divites et nobiles habeant egressum in ipso flumine et egressum ut omnes confrates et homines peccatores habeant remissionem omnium pecatorum». Las iglesias, pues, patrocinadas por Santo Domingo pueden, por sí solas, constituir un indicio de anterior comunicación.

* * *

Vamos a continuación a relacionar y seguir en su recorrido aquellas vías que probablemente se construyeron durante la dominación romana en la Montaña y que los templarios tomaron luego a su cargo. Sometiéndolas a una elemental clasificación distinguiremos:

I. La llamada *Vía de Agrippa,* cuyo recorrido por Trasmiera especifiqué en mi libro *Ilustraciones.* II. Las *vías* que, procedentes del interior de la Península, llegaban a nuestros puertos de Mar. III. Una *vía,* con dirección aproximadamente paralela a la de Agrippa, y situada al Sur de ella. IV. Ramales desprendidos de la vía de Agrippa; y V. Otras vías que sirven de comprobación de que la Montaña fué poblada y servida de comunicaciones por los romanos, de tal modo que a los sucesores sólo les quedó la comisión de entretenerlas, reponiendo los desperfectos que la dureza del clima en ellas produjera. Probablemente los templarios atendieron con preferencia a la Vía de Agrippa.

Una observación quiero hacer antes de proseguir, la cual aclara en gran parte el trazado de nuestros caminos romanos. Contra la opinión de muchos escritores —Chateaubriand, entre ellos— que suponen a los antiguos templos y cenobios muy internados en los bosques y alejados del ruido mundanal, figura, como notó mi compañero de Cuerpo, el Coronel Coello, la contraria. Si algunos monasterios se refugiaron muy adentrados en los montes fué precisamente para socorro de transeuntes, que por caminos extraviados, pero utilizados, los recorrían. Los templos montañeses —primitivos monasterios en su mayoría— están elevados sobre los caminos que los romanos habían construído, y en alturas dominantes, probables asentamientos que los cántabros habían utilizado anteriormente para sus viviendas y para sitios de oración, y que aquéllos heredaron.

Se comprende que en algún caso —los célebres Meteoros de Tesalia, que yo visité en 1901—, ante el temor de enemigos sanguinarios, los monjes se hayan refugiado en las asperezas de los montes; pero en la Montaña, cuando dominó la fe de Cristo, ya no había a quien temer; pues los romanos y godos enarbolaban la Cruz con amor y entusiasmo que nosotros recogimos y mantuvimos. Era, pues, lógico el atraer con las máximas facilidades a los fieles, y para ello nada mejor que los caminos ya construídos.

I. VÍA DE AGRIPPA

Partiendo del oriente de la provincia en la cual entraba —según el mapa que para Fernández Guerra compuso el Coronel Coello— por la costa, llegaba a Castro-Urdiales, que fué la Flaviobriga de los romanos, y el Puerto de los Amanos anterior. En Castro concurría también la calzada procedente de Mena y Castilla, que luego descri biremos.

Flaviobriga estaba defendida —y la vía, por ende— por el *castro* que la dió posterior nombre, y siguiendo ésta, adelante por la costa, la protegía otro castillo, cuyos restos perduran, y con fuerte tradición de ocupación templaria, no muy lejos de aquélla.

La existencia del camino de Oriñón en el siglo XIV consta por García de Salazar, que habla de una excursión de trasmeranos por toda esa costa.

No puedo precisar el punto por dónde cruzaba la vía la ría en que remata el río Agüera; la antigüedad que tenga el nombre *Pontarrón* actual pudiera dar alguna luz sobre el caso. El paso romano debió ser por barca seguramente. Si el barrio de *Sonavía*, correspondiente al pueblo de Oriñón, tuviera —lo que no creo— algunas reminiscencias de *vía* (V. Son) nos demostraría el paso por allí de ésta.

El camino se metía una vez pasada la ría por las escabrosidades del monte Candina, en donde aun en el siglo xix persistía y estaba jalonada en Liendo por los barrios de *Villaviad* y *La Viesca* (V.). Por derecho marchaba al alto de Seña[12], capital más tarde de la Junta de su nombre en la Merindad de Vecio; por Colindres el Viejo, en donde está la parroquia y en donde en 1086 existía «illa Karraria publica» (DP, LIII) y hoy el barrio de *Viar*; llegando, por fin, a *Treto*, punto seguro de la vía de Agrippa y entrada para la que tiempos andando se llamaría Merindad de Trasmiera[13].

Treto (del lat. «trajectus», paso de mar o río; en 1210 Traheto) era paso en barca de la ría de Asón, paso que debió de estar defendido por una torre cuyo recuerdo perduró hasta nuestros días; de aquí seguía la vía por la Iglesia de Adal, constando que cerca de ella había en 1294 «la carrera antiqua»; iglesia de Cicero, cerca de la cual existía en 1295 «la carrera antiqua que va para Zisero y para Treto»; iglesia de Bárcena y por Gama (hoy barrio de Bárcena), por constar que en 1294 la ermita de San Esteban (de Bárcena) lindaba «con la carrera antiqua que va para Gama», y ser probable que este San Esteban sea un San Esteban de Ansuera, en donde en 1085 (DP, XXXVII) había «illa Karraria publica»; Ambroseno, en donde en 1593 había un camino realengo muy viejo; iglesia de Beranga, al lado de la cual perdura el sitio de *Vía,* y en el pueblo, y más adelante, barrio de la *Carrera*; Solórzano, a cuyo lugar pertenecía antiguamente el inmediato de Hazas (la iglesia de Santa María, parroquia hoy de Hazas, se llamaba Santa María de Solórzano en 1011), en el cual existía en el siglo XVII un sitio llamado Cajiga de Cesto, en donde se celebraban las reuniones de la Junta de Cesto. La casa de la Junta estaba sobre el camino de la costa (antes de la iglesia de Beranga), y en 1085 se cita en Solórzano «la carrera antiqua que discurrit de Hazas de Felguera», y en 1210, «de quintana del rée por la carrera antigua de la Losa» (DP, XXXIII y XCVII ?).

Desde Beranga seguía la vía por la iglesia de Praves (en este lugar hay hoy barrio de *Vía* y en 1753 (CE) además de Vía, sitios de *Cuesta de Vía* y *Huguerta de Vía*); collado de Jesús del Monte; barrio, a sus pies, de *Estradas,* en el cual arrancaban de la vía ramales o bifurcaciones de que luego hablaremos; iglesia de San Félix de Anero, en donde en 1086 había «illa Karrera publica» (DP, XXXVIII); Virgen del Acebal, parroquia del lugar de Término, ya existente ésta en 1084; Hoznayo (barrio de Término), en donde pasaba la vía el río que viene de Entrambasaguas y Navajeda, por el puente natural del Diablo, subiendo a Bosque Antiguo, cuyos Castro y Arce defendían el subsiguiente paso del Miera, primero en barca (barrio de *Vallabarca,* del lugar de Orejo), y más tarde por Puenteagüero, que a aquélla sustituyó. Tanto el lugar del Bosque como el de Puenteagüero debieron pertenecer a los templarios, y su señorío recayó, más tarde, en los sanjuanistas que lo poseyeron hasta el fin de los señoríos. En el puente arrancaba otro camino, que más tarde describiremos, y el principal seguía por Orejo, en cuyo lugar, además del sitio de *Valabarca*, había barrio de *Vía* y capilla del Carmen, llamada antiguamente *Virgen del Camino*; y el sitio de la *Viesca*, que en 1753 confinaba con camino; paso del riachuelo del Cubón bajo la protección del Cultellum Castrum (hoy Pico del Castillo); Heras (sitios de *Vía* y *Víabuena*); Santiago de Heras (barrio de la *Calzada*), desde donde bajaba a *Puente Solia*, saliendo entonces de Trasmiera y entrando en lo que fué con el tiempo Merindad de Asturias de Santillana. Aquí a Puente Solia concurría también la vía procedente de lo que fué más tarde Castilla, y que por el Escudo o inmediaciones se dirigía al *Portus Blendium* (Santander), de la cual hablaremos más adelante.

* * *

Pasando el Puente de Solia, e independientemente de la vía radial del Escudo coincidente al principio con la de Agrippa, se presenta una bifurcación romana bien comprobada, cuyos dos ramales comunicaban aquel sitio con el de la *Barca de Barreda*, que es punto seguro también de la de Agrippa. Uno de los ramales marchaba por Escobedo a pasar el río Pas en Arce, y siguiendo por Oruña, Rumoroso y Polanco llegaba a la citada barca, y el otro por Cianca, Parbayón y Renedo, donde pasaba el Pas, seguía por *Vioño* y Zurita a buscar el mismo paso de los ríos Saja y Besaya ya reunidos.

Con franqueza confieso mi vacilación para fijar cuál de los dos ramales llamó primero la atención de los romanos, procediendo a su arreglo o construcción, y debe considerarse, por tanto, como parte integrante de la vía de la costa; pero teniendo en cuenta el mayor acercamiento a la costa y, por tanto, a los puertos de Blendium y Vereasueca y algunas otras razones de menor importancia, me inclino a considerar la que pasa por *Puente Arce* como parte integrante de la Vía de Agrippa, que seguiré describiendo, haciéndolo por separado del ramal de Renedo.

En el lugar de Guarnizo, por cuyo terreno pasaban la Vía de Agrippa, la radial del Escudo y la procedente de Trasmiera y desprendida de aquélla en Puente Agüero (que más tarde describiremos) pasaba por barca la ría de *Pontejos*, se conservaban en el siglo XVIII muchos nombres recordatorios de vías romanas, o de antiguos caminos cuando menos, nombres que pudieran proceder, según los sitios afectados, de alguno de estos diversos caminos: *Jontavía* (*h* aspirada de *Hontavía*: ¿fuente del camino?), que era un barrio por cuyo el sitio del Berro pasaba *carretera común*; *Somavía*, lindante con cerradura comprobatoria de camino; barrio de Soviejas, en el cual había *Camino Real* y *camino público*; la mies de Yero, en la cual alguna finca lindaba con la vía y con *carretera pública*, y un sitio llamado de la Rañada, por donde pasaba *carretera común*; la mies del Liar, por cuyos sitios de la Ermita, Paraya y la Cruz pasaba carretera común; la mies de Juncara, cuyos sitios de la Portilla y de la Llana lindaban con carretera común, y, finalmente, los barrios de Valle, Novales y Hermosa, por los cuales pasaba también *camino* o *carretera común*.

En el siglo xviii existían en Escobedo los barrios de Tocos, Arenas, Monasterio, La Taho y la Maza por todos los cuales pasaba *Camino Real*, así como por los sitios de la Cruz, el Agua en la mies de Maoño y por los solares del Puentedo, y la Fuente y Ermita de San Pantaleón. Al lado de ésta había una torre de 8 varas por 7 de planta y 10 de altura.

Prosiguiendo diré que la vía pasaba por la *Hoz de Peñas Negras*, de tan triste celebridad en la pasada guerra, y que estaba defendida por un *castillo*, acaso de ocupación prerromana, y continuaba al lugar de Arce, cuyo nombre nos está hablando de una obra defensiva de paso del río Pas. Los documentos más antiguos de que puedo disponer no citan «Puente Arce», sino *Arce* a secas. En 991 (CS, XL) se cita la iglesia de San Julián de Arce, y se habla de «itinaras publicas» y de «illa itinere». En 1001 (CS, LXI) se cita «per termino de *Pausadorios* et per illa itinere qui discurri ad Arce et afligere usque in miere de Arce ad Escorzilo»; y esto refiriéndose a la cesión de la iglesia de Mortera a Santillana. Por la misma carta consta que había un camino antiguo que pasaba por Liencres, Mortera y que llegaba a Arce.

En resumen: consta concurrencia de caminos en Arce procedentes de la costa y del interior, y, a mayor abundamiento, perdura en Puente Arce un barrio llamado de la *Calzada*. El no hablar esta escritura de puente, en Arce, no prueba con certeza el que faltara, pero no favorece a su existencia útil, por lo menos en la fecha que se redactó aquélla. El paso se haría entonces por barca, pues es sitio el actual del puente para establecerla, siendo el puente actual cosa posterior, y entonces, y con grandes probabilidades de acierto, obra de los templarios, como la forma del arco lo comprueba. En cuanto a cita escrita, sólo en 1403 la encuentro, pues ya se habla del puente, en esta fecha, en el *Pleito de los Valles*.

En 1406 había en Arce *camino del Rey*, y en 1455 *la puente de Arce*. También se cita en 1416 la llosa de la Madera «entre el Palacio y Torre y pega en el Camino Real y en el esquinal de la casa»; y en 1462 se cita la peña de la Torre (Maza, 1, 2, 3 y 7). Este palacio y torre debían pertenecer a la casa de Guevara.

En 1753 subsistían en Arce, además de este nombre y el de *Castro*, los siguientes: Barrio de la *Calzada*, y en una su mies sitio de la *Calzada*; mies de Sopeña y en ella los sitios de *Mediavía* y *Covía* (prefijo *Co + Vía* o procedente de Cova; el sitio puede decirlo); mies de Roznilla y en ella los sitios de las *Horcas* y la *Torre;* barrio de Belo, en el cual estaba fundada la torre que figura en el primitivo vínculo de los Guevaras montañeses, y que fué vendida en el siglo XVIII a un Don Roque de Santiyán, pasando, por el barrio, el *Camino Real*; sitios de Llosa, Riva, San Martín, Llosa de Abajo, Perujo, La Bonta, en donde estaba la Venta de la Pajosa, la Casa-Taberna del Puente, por todos los cuales pasaba *Camino Real*; la mies de la Collada, con camino, y además, en ella, el sitio de la Redonda, por donde pasaba una *carretera*. Finalmente, señalaré las concomitancias que existieron entre los lugares de Bosque Antiguo (paso del Miera) y Arce (paso del Pas), en los cuales hubo *Arce* y *Castro* coincidentes en la defensa de los pasos de *Puenteagüero* y *Puentearce*, respectivamente: al principio por barca y más tarde por puente. Y, contra el parecer más corriente, con *más aire* romano el primero que el segundo.

No lejos de Arce y aguas arriba del Pas hubo puente sobre este río, pero estaba relacionado con la bifurcación de la Vía de Agrippa en Guarnizo, de cuyo ramal por Cianca hemos hablado y describiremos más adelante.

Antes de proseguir diremos que el término de Pausadorio de que se habla en la escritura de 991 es hoy *Posadorio*, barrio de Barcenillas; tenía una ermita de San Martín. Está en el camino de Escobedo que va por la Hoz de Peñas Negras y es término bien expresivo de comunicación.

Otro punto seguro de la Vía de Agrippa es el de la Barca de Barreda, aguas abajo de la reunión de los ríos Saja y Besaya. Entre Arce y Barreda la vía debía continuar por Oruña, Rumoroso y Polanco. La existencia de Polanco consta en 1056? y seguramente en 1111 (CS, XI y XXXIV). En el siglo xviii la casa-taberna en el puente de Arce pertenecía a Oruña y estaba situada en el *Camino Real*; y éste pasaba también por el barrio de Lejo y por una casa pegante al molino de Mendera y por la Vega de Soto; el sitio de la *Carrera* lindaba con otro llamado la *Carretera*; el *Camino* pasaba por *Fuente-Camino*, por el barrio de la Lastra, por la mies de Puerto de Santa María (nombre interesante), y por los barrios de El Campo, El Canal y la Venera.

En el mismo siglo xviii pasaba —en el lugar de Rumoroso— el *Camino Real* por la llosa de Tremedo (por allí anda el célebre pozo que dicen predecir el tiempo); por la mies de Rabledo, en la cual había sitios llamados *El Castillo* y *El Castio*, probablemente el mismo; por el barrio de Riva y por el de Mijares, en el cual una casa confinaba con *Caminos Reales*; por la casa-taberna del Concejo colocada en el sitio del Valle; por la Regata, por los Viñones, por Entrematas, y, finalmente, un sitio llamado El *Camino Nuevo y Viejo*, por el cual pasaba, como he dicho, el *Camino Real*.

Existía también en Rumoroso una llosa llamada *Cavia* que puede proceder de Ca + vía o de Cava con *i* epéntica, y otra llamada *El Sedo*, justificativa de camino (v. el Vocabulario).

En cuanto a Polanco, existían en el citado siglo xviii los sitios de *Guerra la Vía*, por donde pasaba un camino; de *Socarrera*; de *Carretera*; de la *Calzada* y el *Camino*. El barrio de *Posadillo* está gritando por camino que procedente del que pasaba por Vioño —que luego describiremos por tratarse del bifurcado en Puente Solía— se desprendía de éste más arriba de donde está hoy la estación del ferrocarril del Norte en Torrelavega. Había otro camino de Montaña que todavía se utiliza por los vecinos de Polanco para ir, atravesando el monte, a la romería de la Virgen de Valencia.

A la barca de Barreda, pues, venían a concurrir para el paso del Pas y Besaya reunidos, los caminos procedentes de un ancho sector, en el cual anda incluído el que hemos llamado de Agrippa y los procedentes de Vioño y de Zurita.

* * *

Como la existencia del puente en San Miguel consta en el siglo xiii (*Privilegios*, t. I, pág. 91) y es probable su ocupación por los templarios y aun primeramente por los romanos, por lo menos el lugar para pasar el río, pudiera creerse que por él continuaría la Vía de Agrippa en demanda de Santillana. Es claro que una vez construido el puente sobre el Saja y otro anterior para el paso del Besaya, por aquél se marcharía algunas veces; pero no ocurrió esto en los comienzos de la ocupación romana.

El paso por Barreda está justificado: 1.º Por estar ya reunidos poco antes los ríos Saja y Besaya, exigiéndose para la vía de Agrippa si a San Miguel se dirigiera la construcción de puente sobre el Besaya. 2.º Porque una vez pasada la barca de Barreda se llegaba a *Viveda*, cuya existencia en el siglo ix consta, y más tarde, en 1200; y, si no yerro, proceder este nombre de «Vía veta» (vía antigua o vieja) que se le daría cuando empezara a usarse el Puente de San Miguel. 3.º Porque el año 878 fué consagrada la iglesia de Viveda por el ovispo ovetense Oveco, a cuya diócesis pertenecía. No es prueba plena, pero sí indicio el que el Prelado se arrimó allí, viniendo del Oeste, por facilidades de comunicación. 4.º Porque la tradición que supone a San Francisco de Asís acogido a la casa de Calderón en Viveda, es buena prueba de que utilizó, o que se supuso que utilizó, que para el caso es lo mismo, para sus seguramente rápidas andanzas, camino a propósito para ellas. 5.º Viveda no concurrió en 1078 a la fundación de la barquería o embarcadero de Santo Domingo en Cortiguera, lo que parece probar no le interesaba. Tampoco Barreda, concurrió, aunque sí lo hicieron Ongayo, Cortiguera, Polanco, Quevedo, Riaño, Suances y Bárcena.

Barreda y Polanco eran lugares diferentes en 1023 (CS, LXXIX), aunque más tarde, en 1352 *(Becerro de las Behetrías)*, aparece Barreda como un barrio de Polanco, lo que no es óbice para que pudieran tener concejos diferentes. 6.º Barreda ya existía en 998 (CS, XXXVII), en cuya fecha se la relaciona con los ríos *Salia* (Saja) y *Besagia* (Besaya), lo que parece hacer resaltar sus favorables condiciones para el paso. Sin embargo, la primera fecha segura que hasta ahora he visto de barca en Barreda es la de 1402 (*Privilegios*, II, pág. 15). 7.º El castillo de Vispieres, antiquísimo, ejercía una buena protección sobre el paso de la vía por Barreda[14]. Son elementos complementarios.

Después de Viveda la vía de Agrippa seguía a Queveda. En 1043 se cita un lugar llamado *Chaeveta*, al cual Jusué, con buen acuerdo, supone sea Queveda, en donde había en aquella fecha «illa carrera antiqua» (CS, LXXXIII).

En 1111 existía seguramente Queveda (CS, V), y en 1387 *(Privilegios,* I, pág. 395) había una heredad cerca del monasterio de San Andrés, que lindaba con *Camino del Rey.* En 1078 Queveda concurrió con otros lugares a la construcción de la barquería de Santo Domingo de Cortiguera, y su nombre, en aquella fecha *Queveta,* liga bien con el inmediato de Viveda que hemos supuesto contracción de Vía veta, más claro que el enlace se refiere solamente a la desinencia *eta,* pues Queveta, hoy Queveda, es palabra simple.

Utilizárase, como creo, primeramente la barca de Barreda y posteriormente un puente en San Miguel, marchando la vía de Agrippa por lo que es hoy Torrelavega —que entonces sería, a lo sumo, una torre que defendiera el paso del

Besaya— y por *Torres*, un nombre también significativo, aquella comunicación recaía sobre Santillana, siendo ambos pasos —Barreda y San Miguel— defendidos por el castillo ya citado de Vispieres. Este debió ser obra de los romanos —si no anterior— y ejercía influencia sobre los puertos de Suances y Calderón, inmortalizado éste por la pluma de Amós de Escalante.

En resumen: debió de ocurrir con Barreda y Puente San Miguel algo parecido a lo que ocurrió al pasar la vía de Agrippa el río Miera: primero barca y luego puente y ambos defendidos por un castillo, o sea Vispieres por un lado y el Arce y castro del Bosque Antiguo por el otro. Y ello era lógico que se escogiera para situación del puente, obra posterior, un lugar que no exigiera obra nueva de defensa. Esto no obstante, para Puente San Miguel se construyó por los romanos, o por los templarios, protección más directa que la de Vispieres.

La existencia de puente en San Miguel consta al mediar el siglo xiii, pues en documento de 1250 (la última cifra imprecisa) que figura en *Privilegios* (t. I, pág. 91), aparece «monasterio de Sancti Michael de Ponte», con cierta dependencia de Santillana. Este documento corrobora la sospecha de Amós Escalante, quien dice *(Ave, Maris Stella,* 2.ª ed., pág. 46) que al lado de la que, en el siglo xvii, era ermita de San Miguel, estaba la hospedería de peregrinos o caminantes pobres, y que por los restos arquitectónicos que perduraban en aquélla debía pertenecer su construcción a los finales del siglo xii. Al mismo tiempo recoge Escalante tradiciones referentes a los templarios en Puente San Miguel y Santa María de Yermo (Cohicillos), en cuyo último lugar le hablaron de caballeros-guías templarios; y, con su honradez característica —y algo trasmeranamente, pues no en balde se apellida Escalante— dice que «la antigüedad de la hospedería (de San Miguel) pudiera algún atrevido llevarla (a poco que viniera en su ayuda un testimonio de valer) a aquellos siglos remotos durante los cuales fué este territorio camino de los peregrinos de la Europa cristiana al sepulcro del Apóstol Santiago de Compostela».

Como alguna vez se ha de mostrar la senectud atrevida —doblemente atrevida porque a los años se agrega el poco valimiento— yo soy de los que creen en la existencia de los templarios en Puente San Miguel, los cuales construyeron o acaso reedificaron un puente anterior romano que estuvo defendido, además de por el castillo de Vispieres, por otro más próximo, cuyo recuerdo perdura en la inmediata mies del *Castio,* nombre éste que también lleva un pico del Valle en Aras, en donde consta fortaleza romana y aun residencia anterior de los neolíticos (para mí, cántabros).

Tratándose de puentes en la Montaña, nada puede probar la falta de restos arquitectónicos antiguos de la fábrica para negar su existencia primitiva. Recuérdese el ¡cómo vendrá el Saja! del Rebezo para justificar la precaria vida de puente sobre este río. Y de ello tenemos una prueba en el documento presentado por Escagedo *(El pleito de los Valles),* correspondiente al siglo xvi.

Según el documento, los habitantes del Valle de Villaescusa en esa fecha (se citan los pueblos de Liaño, La Concha, Villanueva, Obregón, Socabarga y Solia) para ir a Santillana marchaban «por la puente de Solia, que es brazo de mar; y los ríos de Pas y Pisueña, juntos, yendo por Renedo, sin puente; y por la puente de Arce hay puente que algunas veces lleva el río; y han de pasar los ríos Saya (Saja) y Besaya juntos en la barca de Barreda, sin puente, y es una barca muy peligrosa; y otros ríos pequeños que en tiempo de invierno son muy peligrosos»[15].

El mismo itinerario seguían los del Valle de Camargo, camino que desde el puente de Solia no era otro que la primitiva vía de Agrippa que he descrito.

Los de Cayón-Penagos «han de pasar el río Pisueña y la barca del río Pas que llaman El Barrilejo, y la barca de Barreda».

Llama la atención el itinerario que han de seguir los de Cabuérniga (se citan los pueblos de Bárcena Mayor, Los Tojos, Correpoco y otros concejos): «Han de pasar para ir a Santillana muchos ríos sin puente y montes bravos». Esta expresión y otras análogas para los valles de Cabezón y Reocín (se citan, entre lugares, a Quijas, Mazcuerras e Ibío) demuestran que en la citada fecha no estaba en funciones el Puente de San Miguel, ya que de su existencia anterior hemos dado pruebas[16].

Una vez pasados la barca de Barreda o el puente de San Miguel la vía de Agrippa continuaba hasta la actual Santillana. Se ignora en qué fecha llegaron los restos de Santa Juliana a la histórica villa, ni cuándo lo que empezó siendo modesto cenobio se convirtió en Colegiata que pronto se vió rodeada por los habitantes del inmediato lugar llamado Planes, que a su sombra buscaron protección. Ello fué que ya en el siglo VIII —según Amador de los Ríos— pudo Alfonso el Católico tomar el nombre de la Santa de Nicomeclia para expresar el extenso territorio que se llama Asturias de Santillana. Admítase el siglo vi para ocurrencia del primer suceso, como pretende el mismo autor (*Santander,* pág. 682), o el vii y mejor el viii como me lo hacen sospechar el ser éstos los momentos más propicios para comunicación con los godos, vehículo más probable para nuestra expansión monasterial, el caso es que, seguramente, se escogió para ubicación de Santillana un sitio inmediato a una gran comunicación, como lo era la costera que trazó Agrippa una vez conquistado el pueblo cántabro. De ello no permite dudar lo que sobre Viveda y Puente San Miguel hemos dicho y, además, los recuerdos que perduran en la toponimia.

Consérvase en Santillana *Fuentevía* a la salida en dirección a Camplengo y Viveda; *Viallan* —camino del llano o llano—, lugar próximo en dirección de Oreña; *Torrevía* y *Revia*, en la salida de Santillana en dirección a Puente San Miguel. *La Buvia*, pueblo de la Abadía de Santillana.

Además, en 1022 había no lejos de Santillana, «término de illo rio et per illa itinera antiqua» (CS, XXXI); en 1026 se habla, en término de Santa Juliana, de un «castello qui dicunt Misileo» (CS, LII), castillo cuya situación no conozco, pero que bien pudo ser construído para defensa de la vía; en 1118, en la aldea de Cerrazo, muy próxima a Santillana, existía «illa itinera antiqua» (CS, XVIII). En numerosos documentos de los siglos xiv y xv (*Privilegios*, I, págs. 290, 318, 411; y II, pág. 14) se habla en Santillana de la *Rúa del Rey* y *Camino del Rey* y, además, de unos *caminos de fuero* que iban a Ubiarco y Río Blanco, demostrativos éstos de abundancia de caminos en la región.

Desde Santillana, y por *Viallan*, seguía la vía a Oreña, cuya existencia consta en IIII (CS, IX) [17]. En el siglo XVIII existían en Oreña numerosos sitios cuyos nombres estaban acusando antiguas comunicaciones: El B. de *Viallan* (ya citado), por el cual pasaba el *Camino Real* procedente de Santillana y que estaba adornado con su correspondiente *Cruz de Viallan*; el B. de Peralada, por donde pasaba el *Camino Real* y en donde existía el sitio de *Mediavía*, que lindaba con camino; el sitio de *Somacarrera*, que lindaba al vegañón con el *Hospital de San Lázaro* de la villa de Santillana; el sitio de *Viascas*, por el cual pasaba un camino, y cuyo nombre conserva más pura su procedencia de *Vía* que el de *Viescas*, más frecuentemente encontrado en nuestra toponimia; el sitio de *vía* en la mies de Bárcena; la ermita de nuestra Señora de Guía, por cuyo ábside pasaba un arroyo que ha originado el dicho de que «por detrás de tu retablo pasa el agua cristalina» y, finalmente, en dirección de Toñanes, la Venta de *Carraestrada*, establecida sobre el primitivo camino o *estrada*; Los *Cuatro Cantones*, por donde pasaba el *Camino Real*, y sitio de *Los Castillos*.

A continuación seguía la vía de Agrippa a *Toñanes,* lugar que ya existía en 1128 (CS, LXV), y en donde había ermita de *Santo Domingo*, y en el siglo XVIII una *llosa de Santo Domingo* que lindaba por cierto con *carrera*. Había también sitio de *El Castro* y sitio de *Pontejo* (v. el Vocabulario) y del *Collado*.

Pasaba después la vía por *Cóbreces*, en donde en el siglo XVIII había un Hospital llamado del Buen Suceso; sitio de *Quintanal de Quintana,* por donde pasaba la carretera concejil; *La*

Carretera (sitio); *Quintana de Somavía*; la parroquia por donde pasaba la carretera concejil; *Cuesta del Castro*; *Somavía*, por donde pasaba un camino; *El Castro*, por donde pasaba un camino; *El Callao*; una casa en el B. de *Somavía*, por donde pasaba el *Camino Real*, y un sitio llamado *El Romano*, que cito sin tener la seguridad pueda referirse a comunicación.

El *Hospital* del Buen Suceso tenía pisos alto y bajo y estaba situado en el B. de la Iglesia y confrontaba por todos los aires con camino.

Pasaba el camino de Agrippa después de Cóbreces por *Ruiloba*, en cuyo B. de Pando y sitio de *Castro*, correspondiente a la Mies de *Rueda*, apareció la célebre hacha de cobre descrita por Lasaga y Larreta (*Dos Memorias*, pág. 35), hacha que puede cerrar una solución de continuidad megalítica; *La Concha*, B. con camino (v. este Vocabulario); *El Castillo*; sitios de Santa Olalla y Pando, La Acera, por los cuales pasaba camino; La Garita, *La Portilla*, *La Torre*, Fumbellera, también con camino; *Posadorio; El Collado; Las Ruedas; Castro Milano; La Quintana*; en el citado sitio de *Posadorio* había una finca por la cual pasaba un camino; *La Aldea de la Iglesia*, por donde pasaba un camino; el B. de *Liandres,* también con camino; por el B. de la Iglesia situada en el centro del pueblo pasaba el *Camino Real; Puente Venero; Las Conchas*, con camino; *Cruz del Valle*, por donde pasaba camino; *Puente Pando; Roma,* sitio por donde pasaba camino; *La Carrera; La Portilla de Muñones* y *El Hospital*. D.ª Leonor de la Vega poseía el *Puerto de Ruiseñada*.

Continuaba el camino a *Comillas: Trasvía* y *Tresvía,* mies en la cual había una finca a todos aires con *Camino Real; Estrada* y *Estrado,* por donde pasaba un camino; *La Portilla* (B.), con calle pública; *La Torre,* por donde pasaba camino; *La Portilla* (B.), con calle pública; *Castro Blanco; La Puente Grande; La Plaza,* con camino; *Rulapuente; La Cotera,* con camino; *Castro Rubio; Revía; La Rabia,* a orillas del río; sobre el cual había un puente perteneciente a la Revilla.

Pasado la ría de La Rabia por su puente se penetraba en territorio del lugar de La Revilla, perteneciente al Valle de Valdaliga, pero con tres barrios —Valle, Sierra y Oriandre— cuya jurisdicción en lo temporal correspondía a San Vicente de la Barquera. Al terreno éste venía a parar también la comunicación procedente de Cabezón y de Treceño, de que más tarde hablaremos, y como consecuencia de esta conjunción existían en el siglo XVIII una infinidad de sitios por donde pasaba *Camino Real* o que por otro motivos eran reveladores de comunicación.

Ya antes de Comillas, el Pico del *Castillo* de Ruiseñada, aunque algo separado de la Vía, no dejaba de ejercer influencia sobre ella; existía después el *Tejo,* lugar que en 1352 pertenecía a la Caballería de San Juan de Acre como probable herencia de los templarios, y Abaño, con la mies del Camino y con Hospital de San Lázaro, el cual, como todos los pertenecientes a su orden, situaban en los caminos públicos y que, a ejemplo de los Reyes de Francia que los tomaban bajo su protección, hicieron después los nuestros, como me consta lo realizó Felipe V con el hospital trasmerano de San Lázaro de Tes.

Tanto la vía de la costa que hemos descrito como la procedente de Cabezón y Treceño y la

procedente del Saja pasaba por El Escudo de Cabuérniga a Roiz, se arrimaban al territorio de La
Revilla en demanda de la Barquera de San Vicente, único paso útil por la costa antes de la construcción del hermoso puente de la Maza.

Refiriéndome ahora a las tres barrios de Valle,
Sierra y Oriambre, que son los que principalmente
nos interesan, entre los que pertenecen a la jurisdicción eclesiástica de Revilla, por pertenecer
a la civil de San Vicente y ser punto de paso para San Vicente de la Barquera, encontramos sitios
por donde en 1752 pasaba el *Camino Real*, los siguientes: B. de Valles, La Revilla (bien entendido
que es barrio), El Milatero; sitios de la Rabia, La
Coteruca, *Aloñas, El Castío*, La Canaliza, La Cerrada de la Pita, La Cerrada de Llagunes, Pasquero,
Las Brañas, Las Peñucas, por la casa de D. Juan
Francisco de Quirós, El Regato, La Corbeta, La Cerrada de Remuelle, Repuente y Colobar, La Haspa
y Sierra, *La Rueda*. Finalmente, existía la *Calzada*
pública que por el S. de Sobenes.

En territorio ya de la villa de San Vicente había
también sitio de la Rabia y los páramos de Remonillo y Valencia.

Pasada la barquera, que dió nombre a la celebrada villa de la costa, el lugar de *Estrada*, conti-
nuado por Abanilla nos anuncia el final de la Vía
de Agrippa en nuestra provincia; como el de *Vidiago*, en Asturias, nos habla de su continuación
por este territorio.

La proximidad de la vía a la costa, desde Barreda a San Vicente, y la inmediación también a
la Montaña, obligó a la construcción de fortificaciones, y así hemos relatado las de Vispieres y el
castillo de San Miguel; el de Misileo en Santillana;

la torre de Puerto Calderón; Los Castillos en Oreña; El Castro en Toñanes y en Cóbreces; el Castro,
el Castillo y la Torre en Ruiloba; La Torre y los
Castros en Comillas, amén del Pico de Ruiseñada,
donde hubo un castillo; el Castillo de Revilla y el
hermoso de San Vicente de la Barquera. A Abani-
llas venía a parar la comunicación del Nansa, de
la que más tarde hablaremos.

II. VÍAS PROCEDENTES DEL
INTERIOR DE LA PENÍNSULA

1.ª Calzada romana que, procedente de Puente
Dei, entraba en el Valle de Mena por *Irus* (con un
barrio de *Vía*) y *Arceo* (¿con recuerdo de fortificación?); lo recorría en toda su extensión, con muy
comprobado recorrido, y por el Berrón y Alto de
las *Muñecas* se dirigía a Castro-Urdiales (Flaviobriga). En el pueblo de Otañes, y en su pendiente
Norte, existe el *Pico del Castillo,* en el cual, según
el ilustre Caso López, que reconoció los cimientos, debió de existir (existiría seguramente) una
fortaleza romana, pues en su parte meridional se
encontró el celebérrimo plato. Según el citado párroco *(El Diario Montañés* del II-I-1915), sobre las
ruinas romanas del edificio se edificó más tarde
el que se llamó *Castillo de Lastra Mala,* y que fué
un Conde de Noreña —a quien se hace abuelo
de un Garci Sánchez de Otañes que asistió a la
batalla de Las Navas de Tolosa— el que lo edificó.
El citado castillo romano defendía la comunicación
hasta Castro, en donde se unía con la de Agrippa.

2.ª La calzada que, poco antes de Irus, se desprendía de la anterior y bajando por el Alto de los

Tornos llegaba a Ramales. Aquí debía bifurcarse: un ramal debía seguir por Udalla, río abajo, hasta Seña, en donde se unía a la de Agrippa. Al hablar de ésta y de su paso por Seña hemos dicho, por estudio toponímico, que debía existir un Camino Real de Seña a Limpias. El benemérito Lasaga *(Santa María del Yermo)* dice que de una vía desde la costa «se conservan marcados restos en el Valle de Liendo y alguna aldea de Laredo; marchando por Seña y por los barrios de Ampuero, llamados Cerbiago y Tavernilla, cruzaba el Ason por Udalla y por la Venta de Parayas penetraba en Ruesga».

La presencia de los templarios en Udalla justifica un paso por su puente, así como el nombre *Tavernilla = Ta* (prefijo ibérico) + Verna (¿de Vierna?); pero sin que rechace la comunicación que supone Lasaga, que no he estudiado, y que desde luego sería muy dominante y propia para tiempos de guerra, supongo que no dejaría, sobre todo para tiempos de paz, de existir la que río abajo del Ason se uniera por Seña con la de Agrippa.

En cambio, conozco mejor el camino que, desprendido, por Ramales, de la que vamos estudiando procedente de los Tornos, entraba en el Valle de Aras por el paso conocido por el Hayal (con sitio de la *Calzada*); seguía por San Bartolomé de Aras (barrios de *Vía* y de *Castro*, recuerdo del que defendía la comunicación); lugar de Bueras (barrios de *Vía* y *Castio,* corrupción de Castillo); Bádames (en 1084 «illa Karraria antigua», según DP, XXVI); solar de *Alvear,* en Carasa, cuyo nombre, *El Vear,* nos recuerda la Vía; paso de la ría por el sitio de *Rulabarca;* Nates, con su barrio de *Vía* y su torre, que poseyeron los sanjuanistas. En el barrio del Valle, llamado singularmente Aras, había en 1084 «illa Karraria antiqua».

Aunque la calzada que vamos estudiando al llegar a la de Agrippa pudo cruzarla y probablemente la cruzaría para llegar al puntal de Cicero, situado en el barrio de *Vía* y de allí por mar al *Portus Victoriae* (Santoña), es seguro se embebió en la general de la costa hasta Gama, donde se separó en demanda, por tierra, del citado Portus Victoriae; pasaba por Escalante, en donde en 1086 había «illa Karraria publica» (DP, XLVI), y en 1308 «la carrera antiqua», amén del *Castillo de Hano,* protegido por el cual seguía a Argoños, en donde, en 942, existía «alia pars de *uia* illa publica»; en 1084, «pro illa *uia* publica» y un sitio llamado *Castello* que las defendía y, finalmente, pasaba la canal de Bóo por el puente de *Pontejos,* en el que hubo en el siglo XV un combate del cual habla Lope García de Salazar y yo relato en mi libro *Ilustraciones.* La existencia de este puente era necesaria por convertirse el Peñón de Santoña, con frecuencia, en isla; pasado el puente entraba en el lugar que hoy llamamos Santoña.

3.ª Comunicación por el portillo de *La Sia.* La existencia de esta vía parece comprobarla el verla cerrada por una fortaleza aun recordada en la *Peña Castillo* que la barrea. Según referencias de mi joven amigo Chepe Menéndez, que veranea por Veguillas, el camino que se conserva pasa por el pie de la Peña, que tendrá unos ¿500? metros de altura, y del cual se desprende el que sube a la cúspide y llaman *Barguillas* (V.). No me ha podido asegurar Menéndez si alguien ha encontrado restos de construcción. Esta comunicación, como otras de que luego hablaremos, debieron de ser muy usadas desde el establecimiento de los pasiegos en los montes llamados de *Pas,* de los cuales tomaron nombre, como el terreno lo debió tomar por la abundancia de comunicaciones o *pasos.*

4.ª *Portillo de Lunada.* Fué, desde luego, utilizado en la Edad Media; pues la existencia de los templarios en San Sebastián (Liérganes), sitio tácticamente inmejorable para barrear la comunicación, lo comprueba. Y más la existencia, al pie del alto donde la iglesia se asienta, de la guarda de Lanchero dedicada al cobro de los derechos de exportación de nuestros hierros.

La existencia del puente de Liérganes que en el siglo xvi andaba enfermo y la dominación que desde el alto de San Sebastián lo aportillaba, nos llevan a considerar la existencia de una antigua comunicación paralela a la costa, que desde el valle de Riotuerto por Rucandio y de este alto se dirigía al Pisueña. Hoy existe el camino que por San Sebastián, Campo del Diestro, Campo de Espina y Llanos continuaba a Esles. D. Marcial Solana recuerda que una señora antepasada de su familia y de apellido Cotero y que murió en Esles, fué trasladada a Rucandio por ese camino.

Por el camino de Lunada venían en mi niñez los pasiegos a los mercados sabatinos de Liérganes, trayendo sus mercancías en los burros, que nosotros llamábamos espinosiegos y que nos parecían un modelo de testarudez. De uno de ellos tengo un recuerdo que si entonces me hizo rabiar el hecho que lo motivó, hoy me obliga a sonreirme.

5.ª *Camino del Escudo.* Tengo entendido por conversaciones con mi amigo D. Félix López Dóriga, gran entusiasta de nuestra historia y muy enterado en este asunto de las antiguas comunicaciones, que aun perduran restos de calzada, por la parte alta de los montes, que por *Castillo Pedroso* se dirigía al actual Santander. Castillo Pedroso fué indudablemente ocupado por los romanos. Tradición de ocupación anterior también existe. Mi joven amigo el Sr. Riancho (hijo) me ha asegurado que en un lecho torrencial de las inmediaciones apareció una moneda o medalla de oro, romana, y el mismo Riancho recuerda un sitio dominante con asentamiento de castro o castillo. Madoz habla de una antiquísima torre que existía en el centro del pueblo[18]. También me han asegurado existen restos de mámoas, leyendas de injanas, etc.

Los márgenes naturales del Valle de Pas fueron ocupados también militarmente. No sé de obras defensivas en lo alto del puerto, pero el valle fué, y fuertemente, interceptado. En Acereda y en un altito que domina parte de aquél, se veían en el pasado siglo restos de un antiguo *castillo;* en Iruz y en el lado opuesto del río Pas existe el cerro llamado *Nuestra Señora del Castillo.* En la Novena de Nuestra Señora del Soto que en 1866 publicó el Padre franciscano Fray Bernabé González, se dice que la imagen se había venerado, antes de construir el convento, en una pequeña ermita que sirvió de ayuda de parroquia al pueblo de Iruz, y que en sus inmediaciones hubo un hospital y albergue de enfermos y peregrinos. Añade que, en tiempos del «Infante Don Pelayo» se había construído un torreón que desapareció al hacer el convento. Copia una inscripción que dice existía en una lápida colocada en el frontón, que desapareció o quedó oculta. La lápida, de la era

DCCLXVII, hacía referencia a un capitán llamado Oveco; que «algunos han supuesto que era godo».

Nada puedo juzgar sobre la autenticidad de la lápida, bastando con que recordemos que frente a Iruz subsiste un cerro de Nuestra Señora del Castillo. La referencia a Pelayo, por intermedio de Oveco, aunque para mí no segura, no es tampoco absurda. Que Pelayo y sus sucesores construyeron o repararon castillos que, más o menos directamente, barreaban las comunicaciones con Castilla y con León, más fácilmente accesibles a la morisma en sus algaras, es materia conocida. De Alfonso I consta, por el Arzobispo Don Rodrigo, que por el Oriente de su reino «plurima castra munivit populos christianos»; y de Alfonso III se sospecha fuera el constructor del castillo de San Vicente de la Barquera, y se conoce con certeza lo hizo en Alba, Arbalio, Gordón y Luna para poner a cubierto de los ataques sarracenos a Oviedo.

Más adelante, en *Puente Viesgo,* existe el *Pico del Castillo,* cuya obra dominaba el paso a lo largo del río Pas, por su izquierda, el puente sobre este río y, a favor de él, la orilla derecha. Persisten recuerdos de camino romano que pasaba el puente y manifestación de doble camino paralelamente al valle y en sentido transversal para comunicación que venía de Trasmiera.

En cuanto al valle de Carriedo, al cual se podía llegar, pasado El Escudo, por el Puerto de la Braguia, pasaba por Bárcena (sitio de *Cimadevía)* y se encontraba barreado a la salida por *El Castillo* recordado en el Pico del mismo nombre, que, inmediato al monte Caballar, no era, sin embargo, dominado por éste dadas las armas de la época.

Su posición recíproca era parecida a la del Castillo de Solares con respecto a Cabarga.

Tanto el camino a lo largo del río Pas como el del Pisueña reunidos marchaban en demanda del Puente de Solia, en donde se unían con la Vía de Agrippa. En el lugar de la *Concha* (v. esta palabra en mi Vocabulario) existe barrio de *Vía* y sitio llamado *Fuentevía*.

Finalmente, por el Valle de Camargo y protegido por la fortaleza recordada hoy en *Peña Castillo* llegaba al Portus Blendium (Santander).

6.ª *Camino por El Besaya.* La existencia de una vía romana desarrollada por la cuenca del río Besaya está asegurada por sus hermosos restos y por la toponimia.

En mi libro *Ilustraciones* hablé de la tésera romana, en la que se describe una calzada que, procedente de León, pasaba por Aradillos y llegaba hasta el Portus Blendium (Santander). En cuanto a las defensas construídas para asegurar el tránsito figura en primer lugar el Castillo del Dueso, posteriormente se llamó —siguiendo leyes morfológicas corrientes en Cantabria— *Aldueso*, cuyo objeto era principalmente asegurar el paso de la no muy acentuada divisoria. El asentamiento del Castillo es típico y, según el joven doctor Sr. García Díaz, inteligente investigador de esta región, en el castillo, que existía ya en tiempos de Alfonso I, «perduran restos de cimientos que se pueden ver en el monte *El Castillo*, situado muy inmediato al pueblo de *Aldueso*. Dicho monte, que pertenece al territorio de Cañeda, Ayuntamiento de Enmedio, es interesante porque en su cima, alta y puntiaguda (cerca de la cual están los cimientos indicados), «encontré abundante cerámica muy primitiva y numerosos huesos de animales de los usados en época prehistórica para sacrificios religiosos. ¿Adoratorio? El referido castillo ocupa el centro de un cuadrilátero en cuyos asientos estuvieron situadas las ciudades de Vellica, Juliobriga, Aracilum y Primorías (actual Somballe), que colocadas los dos primeras sobre el Ebro y las otras dos sobre el Besaya, defendían la entrada de la Montaña, viéndose desde todas ellas el nombrado Castillo».

Agradecidísimo a las noticias del ilustre doctor —acaso convenga no aceptar tan de lleno la coincidencia de Primorías y Somballe que supone Escagedo—, son interesantes, en alto grado, la de la ocupación prerromana de la posición y la sospecha de oratorio, probablemente exacta por lo que más adelante manifestaré.

Según Madoz, en su tiempo *La Venta de Aldueso* estaba en la Calzada de Reinosa a Santander.

La vía romana, que aun se conserva en gran parte, la llaman los naturales *Camino de la Concha* (v. en el Vocabulario esta palabra), y en ella hay los sitios de *Somoconcha, Media Concha* y *Pie de Concha*. En el barrio de Somoconcha, destruído en tiempo de Madoz, estaba la ermita de Nuestra Señora de Somoconcha, perteneciente a Pesquera. Estaba junto a las ruinas del barrio. El camino pasa cerca de Rioseco, con iglesia románica.

En Pie de Concha se pudo en la Edad Media la renombrada guarda (hoy diríamos «aduana interior»). En cuanto al camino, seguía por Arenas, en donde en 1112 *(Privilegios,* I, pág. 31) consta «illa itinera antiqua qui discurrit ad illa parte de Sancto Johannes de Rauezudo».

El Valle de Iguña aparece muy surcado de caminos en la antigüedad. Además de la cita anterior sobre Arenas, figuran: en 1019, «illa carraria qui discurre ad Argueces»; «ad illa carreria qui discurre ad illum vadum» (CS, XLII); en 1017, «itinera qui pergit ad Egunna qui exit de Mesuco» (CS, XLIII) ; y «per illa calçata que est iter qui pergit de Conflia et venit ad Egunna». En el lugar de Bárcena se encontraba el sitio de *Cimadevía.*

La importancia de la línea del Besaya la comprueban los recuerdos que perduran de los sanjuanistas en sus inmediaciones. En 1352 *(Becerro de las Behetrías,* Merindad de Aguilar de Campóo) tenían éstos posesiones en Camesa, Celada-Marlante, Castrillo, La Mata y Aradillos, con las cuales se aseguraba el cierre de la Cordillera Ibérica, el dominio de la llanada de Reinosa y la bajada al mar por aquel río. Pero el castillo de Aldueso, si aun entonces se conservaba enhiesto, no era de la propiedad de la Orden de San Juan, lo cual, sin embargo, no nos asegura no hubiera sido de los templarios. También poseían los sanjuanistas los lugares de Ríoseco y Lantueno. En cambio, no poseían otros sitios sobre los cuales consta influencia posterior. Más tarde (Madoz, siglo XIX) consta que al cura de la parroquia de Santiurde lo presentaba el Prior de Arbejal como perteneciente a la Orden de San Juan; que San Juan de Raicedo, cuyo anejo era Santa Agueda, era también presentación de dicho Prior; que La Serna, capital del Valle de Iguña, tenía diócesis *nullius* correspondiente a la misma Orden y que su parroquia de la Asunción tenía como aneja la cuarta parte del pueblo de Arenas, a cuya parte administraba el pasto espiritual el cura del citado San Juan de Raicedo, como sirviente en esta parte del de La Serna. El escritor benemérito Lasaga Larreta *(Dos Memorias)* suponía que San Juan de Raicedo pertenecía a la Orden de Calatrava. Es probable sufriera un error; pero pudo existir algún cambio. Sin embargo, mientras yo no contemple documento auténtico dudaré de esta influencia, que otro escritor supone se ejerció también sobre Santa María del Yermo.

Si a todo lo anteriormente manifestado añadimos que el *castillo* que defendía la entrada al Valle de Iguña y, por ende, a la guarda que en Pie de Concha servía en el siglo XIV de aduana, y había sido cedida por el Rey Alfonso XI a Gonzalo Ruiz de la Vega, en cuya cesión y en otras análogas pudiera advertirse la generosidad del rico de reciente data; que en el Valle de Cieza existía otro *Castillo*, que se nombra en 1338 al realizarse la partición de los bienes de Garcilaso, y cuyo castillo correspondió a su hijo, el citado Gonzalo Ruiz (Salazar, en las *Pruebas de la Casa de Lara*), y, finalmente, que en San Mateo hubo también un castillo atribuído por algún escritor a la titulada Doña Urraca la Asturiana, hija de ganancia de Alfonso VII[19]; hemos de convenir en que la entrada por el Besaya a la Montaña baja estuvo siempre bien defendida desde el tiempo de los romanos, a los cuales no dudo atribuir, si no la completa construcción de todos ellos, sí la de la mayoría de los castillos o, al menos, su reconstrucción, pues algunos debieron estar ocupados por los cántabros.

La calzada romana del Besaya, cuya existencia es indudable, dejó, además de restos materiales bien patentes, otros en la toponimia hasta rendir viaje en el Portus Blendium (Santander). Además de los citados *castillos*, encuentro, en Santa Cruz de Iguña, un barrio de *Somovía*, en donde está la casa de mi joven amigo Pepe Bustamante, que por su altura corresponde bien al trazado de la antigua calzada que iba más baja, cercana al río; en Barros, un barrio, y un sitio de *Sovía*; en Ríocorvo, donde el año 853 (donación, por los obispos Ariulfo y Severino, a Oviedo, de Santa María del Yermo) existía un puente (*pontem de Rivo Covvo)* por el cual la vía pasaba a la orilla derecha de Besaya, existiendo por allí fuerte tradición de caballeros-guías templarios, que Amós de Escalante *(Ave, Maris Stella)* recogió, y en donde, independientemente de la tradición, hubo más tarde, sin duda por destrucción del puente, una barca a cargo de la Orden de San Lázaro.

Ríocorvo es un barrio del lugar de Cohicillos y en él, todavía el año 1752, se conservaba el puente, que tenía 57 varas de largo, y corría su entretenimiento a cargo del lugar. En el mismo Ríocorvo se conservaba el Beaterio de San Lázaro, cuyo edificio tenía 62 varas (largo), 12 y media (ancho) y 3 y media (alto) y estaba situado entre el *Camino Real* por solano y un camino peonil por ábrego.

Una vez pasado el puente, el camino seguía, por la orilla derecha del río, a *Viérnoles,* cuyo nombre e importancia en recuerdos históricos recogidos por Lasaga *(Dos Memorias)* nos lo acreditan como centro influyente regional en una época en que Torrelavega apenas si podía pavonearse con su torre en el caso en que ésta hubiera sido construída para la defensa del camino.

Entre Ríocorvo y Viérnoles el camino pasaba, en 1752, por un barrio de *Hoz*, en donde existían, como límites de casas o tierras, la *Carretera* o el *Camino;* por el barrio de Herrera, en el cual había un sitio llamado, por antonomasia, El Barrio, por el cual pasaba la *Carretera*; más al Norte, por otro barrio, Rodonil, en cuya mies se conservaba el sitio de *Viar,* y por donde pasaba la *carretera común* en demanda de Torrelavega. Había en el mismo lugar de Viérnoles sitios muy significativos, como *El Barquero*, *El Barquín* y la *Horguía*, la *Pontanilla*.

Antes de proseguir diremos que el puente de Ríocorvo era, según Lasaga, el que en su tiempo se llamaba del «pasiego», en el cual aun se notaban señales de Roma y que fué destruído en 1834 por una gran crecida del río. Hoy señalan unas ruinas donde se supone tuvo lugar el «Salto del Pasiego», de donde tomó nombre una zarzuela que yo escuché en mi juventud y del cual yo hice también alusión en un soneto que escribí con motivo de la hazaña del joven Pombo al cruzar en avión el Océano.

De Torrelavega tenemos los siguientes datos: En 1753 pasaba el *Camino Real* por el Cristo de la Vega; por el barrio de Arriba; por un sitio llamado del Crucifijo; por la mies de la Vega, una tierra de la cual lindaba con *Camino Real* y con la *Carretera*. En la misma mies, y sitio de *Sorribero*, una tierra también lindaba con *Camino Real*, y en ella había el sitio de la *Barca*, en el cual estuvo el Molino de la Villa, y el sitio de la Cruz, en donde una tierra lindaba por cierzo «con el río de Saja y Vesaya».

En el siglo xviii se construyó el camino nuevo para Castilla, el cual se inundaba algunas veces, lo cual originaba gastos a la villa y ello fué motivo, entre otros, para que aquélla solicitase de Carlos III la concesión de un mercado, que concedió en 1777 (I-IX). Este camino nuevo pasaba por la Vega, que es donde está hoy la Plaza Mayor, y en ella construyóse un mesón.

Después de Torrelavega es lógico que siguiera el camino romano confundiéndose con la vía de Agrippa desde Barreda, hasta Camargo, en donde se separaba en demanda del Portus Blendium. En 1025 (CS, LXIV) existía «Villa Egullo in territorio de Camargo» y había «illa itinere antiqua qui discurrit ad villa Egullo»; así como «illa itinere que discurret ad illo monte et ad illas ripas», en cuyo camino último es probable se haga referencia a uno que condujera a Liencres y desde allí al que ya hemos citado de Liencres a Mortera y Arce.

No hay que decir que todos estos caminos, e incluso la Vía de Agrippa, sentían la protección más o menos cercana del castillo rememorado hoy en la *Peña de Castillo* y en el lugar de Adarzo (¿ad arce?).

Para finalizar este asunto diré que es preciso reconocer con cuidado un camino que ya existía a pricipios del siglo xvi y arrancando de Ríoseco o por sus cercanías atravesaba la división del Besaya y el Saja y por Bárcena Mayor, Los Tojos, *Vioño*, Ruente, etc., iba a cruzar el último río en Santa Lucía para llegar a Cabezón de la Sal. Este camino, según me dicen, tiene en la dirección descrita huellas de Roma.

De la misma manera, de permitirlo los años, estudiaría la comunicación antigua entre Besaya y Pas, pues la barrunto sin poder precisar sus arranques. Y, por último, lo haría igualmente por el terreno de aguas vertientes a partir de Juliobriga y Aradillos.

7.ª *Entrada por Piedras Luengas.* Seguramente los romanos construyeron un camino por este paso, que poco después se bifurcaba penetrando un ramal, por Valdeprado, en Liébana, y otro cruzando la Cruz de Cabezuelas caía sobre la cuenca del Nansa, que debía seguir por Salceda y Tresabuela, Lombrañá, Tudanca y Santotís. Por debajo de este pueblo subía al paso de Valsemana. Por éste entraba en aguas del Saja, prosiguiendo por Renedo, Terán y Puente de Santa Lucía, uniéndose aquí la red de la costa. Según me ha manifestado mi buen amigo D. Prudencio González, vecino de San Salvador de Candemuga (Pernia), que recorrió a caballo hace muchos años este camino, los restos de la calzada romana se notaban muy patentes en la subida al paso de Valsemana en la divisoria de Nansa y Saja.

Por Piedras Luengas penetró en Valdeprado el primer Rey de Castilla, Don Fernando, el año 1055, después de muerto su hermano Don García en Atapuerca; y es más que probable que por dicho paso se retiraran los moros salvados del desastre de Covadonga y del de Cosgaya.

La defensa del paso de Piedras Luengas desde Pernia la comprueba la presencia de los sanjuanistas en Arbejal y otros lugares del valle de Pernia. En Valsadormín, confinando con Arbejal, se ha encontrado en la pasada guerra gran cantidad de monedas romanas de cobre al verificar trabajos de atrincheramiento por las tropas nacionales. Según me comunica el citado D. Prudencio, el comandante Sr. Fernández Gómara, a cuyas órdenes estaban las fuerzas que encontraron las monedas, atribuía el depósito de éstas destinado al pago de algún destacamento romano, extraviándose por algún accidente imprevisto ocurrido a las fuerzas que lo conducían.

Una duda grande me ha sugerido el saber que, cerca de Piedras Luengas y en la vertiente Norte, existe un monte llamado *Pámanes* (Pámenes, dicen los naturales), pues en *Ilustraciones* (t. II) he hablado de un interesante «Juicio de Dios» celebrado en 1055, ante Don Fernando, en el lugar de Pámanes. Desde luego, al conocer el documento por el Cartulario de Sahagún, supuse que se hacía referencia al lugar trasmerano, porque además a él se refería el que lo publicó. Ahora digo que los nombres de las propiedades discutidas por los condes litigantes favorece al Pámanes de Liébana, pero el tratarse de un despoblado y montuoso lo hacen poco apropiado para un acto solemne en el cual los testigos habían de someterse a la prueba del fuego. ¿Recibió el monte lebaniego su nombre tan poco corriente por recuerdo del acto de Trasmiera? Lo ignoro, y no me seduce mucho la hipótesis, pero como algo bueno puede deducirse aun de los errores, yo saco aquí la consecuencia de la necesidad que en pequeña escala y con premeditación —si yo no me pavoneo no espero que otro lo haga— he tratado de satisfacer en este modesto trabajo de profundizar en nuestra toponimia, conociendo y clasificando todos nuestros nombres topográficos.

Finalmente: aun cuando no lo he estudiado, creo que el camino de Piedras Luengas una vez en el Nansa, y sin pasar al Saja por Valsemana, seguiría río abajo desprendiendo un ramal que, por el llamado Escudo de Cabuérniga, en donde, según el erudito presbítero Caso López, hubo un *castillo,* cayera sobre Treceño siguiendo después para la costa, como estudiaremos en el siguiente capítulo.

III. VÍA PARALELA A LA DE AGRIPPA Y AL SUR DE ELLA

A partir del paso del río Miera por Puenteagüero y hacia el Sur, se puede apreciar otra gran comunicación que, marchando después de Este a Oeste, terminaba reuniéndose, poco antes de San Vicente de la Barquera, con la vía de Agrippa.

Pasaba por el pueblo de Solares cruzando el alto de San Pedruco; Casa de los Ruvalcaba, que se construyó en el siglo XVII a caballo de la comunicación; barrio de Socastillo, protegido por el Cultellum Castrum; pueblo de Sobremazas, en el cual la jalonaban la Torre de Cudeyo, ermita de San Esteban, sitio de *Torría,* Los Cuetos, por donde aun se llama la *Calzada* y en donde se conserva, aparte de su anchura de vía principal, un andén empleado para los peatones; iglesia de San Vítores y barrio de El Avellano —éste del pueblo de Pámanes—, entre cuyos dos hitos observé un andén análogo al que aparece en Sobremazas; sitio del Castillo, no lejos del Avellano; *El Sedo* (V.); Somarriba, en donde está la célebre

Cruz recordatoria, por curiosa tradición, que estudié en mis *Ilustraciones,* de la famosa cabalgada que en el siglo xiv hizo D. Pedro González de Agüero; *Las Cuartas* (V.), entrando en lo que fué Asturias de Santillana por *Sobarzo* (¿Sub arce?); Penagos; Santa María de Cayón, a pasar el Pas en *Puenteviesgo* (v. *Viesca*) protegida por el *Castillo* recordado en el inmediato pico; del cual debieron ser dueños los templarios y lo heredaron después los sanjuanistas, que tuvieron en el lugar cabeza de encomienda, a la cual deberían pertenecer los bienes de la Orden en las Asturias de Santillana. El puente construído sobre el Pas tenía o, mejor, tiene parecido familiar con los de Liérganas y Arce, y sus cinco arcos, perdurando sobre los que los romanos construyeron, no fueron obra de éstos.

* * *

Antes de proseguir con el estudio de esta vía, quiero hacer presente lo perfectamente que estaba trazado, desde el punto de vista militar, el camino desde Solares por Sobremazas y Pámanes, y el enlace perfecto de trazado y obras defensivas cuando necesidades técnicas de éste lo aproximaban a peligrosos padrastros. Así, el Castillo de Solares, la torre de Cudeyo, el castillo cerca del Avellano cuando la inmediación al monte Cabarga sin foso intermedio obligaba, como en Sobarzo, a emplear la fortificación.

Otra reflexión debo manifestar que me ha sugerido el estudio del camino llamado *Calzada* delante de la Casa de los Cuetos, y que puede contemplarse en una de las láminas que ilustran mi libro *Cudeyo*. Allí aparece un andén para los peatones que bien pudo ser construído por los romanos, pueblo constructor por excelencia; pero contemplando el desgaste de sus piedras, se me ha ocurrido si el tal andén sería el piso primitivo de la calzada que fué después rebajado para utilizar las piedras en las cercas que lo acompañan. Por esta razón yo recomiendo a mis compañeros del C. E. M. que procuren observar si los tales andenes aparecen en otros caminos en los cuales no pueda sospecharse utilización de las piedras primitivas de los firmes romanos.

* * *

Continuando con el trazado de que nos venimos ocupando, diré que desde Puenteviesgo y más o menos alta, ésta debía recaer por el monte Dobra sobre la llanada de Torrelavega. En el Pico Dobra fué donde Alcalde del Río encontró el ara romana construída en el año 399 y dedicada a una deidad llamada Erudino. El camino, una vez en la cuenca del Besaya, por Viérnoles, recaía en Ríocorvo. En este lugar, según ya hemos dicho al hablar de la vía del Besaya, había en el siglo ix un puente sobre este río, y cruzado y siguiendo para Oeste, se iba a recaer sobre el Saja.

Sobre la vía y en el lugar de Cohicillos, del cual era un barrio Ríocorvo, se encontraba Santa María del Yermo, iglesia cedida a Oviedo en el siglo ix; la ermita de San Cipriano, que las modernas costumbres han desprestigiado; el significativo *Campo de la Estrada*; y en el llamado Concejo de Ibío, los barrios de Sierra, Ibío, Herrera y Riaño, por todos los cuales pasaba el camino llamado en el siglo xviii «calle pública» entre los caseríos. Eran sitios interesantes de este recorrido la «Casa de la Guerra», que en 1752 pertenecía a D. Francisco Xavier de Ceballos Guerra, caballero de Calatrava. Tenía la casa de los Guerra su coto redondo que comprendía varios prados y además un erial de 70 carros, en donde estaba la parroquia, de la cual era Patrón el señor de la Casa, y «una casa-torre antigua perdida», que debe ser, sin duda, la que dice Madoz que se atribuía a los romanos. La casa principal estaba fuera del coto.

Pasaba el *Camino Real* por el sitio de la *Hermida*, en donde tenía una casa D. Francisco de Cabo y Zorlao, que en el siglo xviii y con ese título se elevó a marquesado[20]. En el barrio de Herrera, además de la *Hoz* de su nombre, había un sitio llamado *Santo Domingo* y en él una ermita dedicada a este Santo. Son, además, innumerables los sitios del Concejo de Ibío reveladores de la antigua comunicación: *La Calzada*, que aparece en muchas partes; *Viar*; la mies de *Revia*, por donde pasaba un camino; *Llosavía* y *Rosavía* sitios con camino; La *Horga* o *Jorga* (aspirada la *H),* por donde había camino; *La Puente; El Pontón; El Collado,* etc. Finalmente, en el barrio de Herrera hubo un Hospital de fundación más moderna, pero revelador del camino.

El nombre de *Ibío* nos habla de *Vía* (cambio de sexo corriente en Cantabria y empleo de *I* protética), lo que se corrobora en el *Becerro de las Behetrías* (1352), en cuyo libro aparece *colación de ybio* y en ella un barrio llamado *Viya* que, por lo observado (v. el Vocabulario), es *Vía.* Aun los pasiegos dicen *miyo* por *mío.*

En 1128 (CS, XXIII) existía en el territorio de *Quo* un lugar llamado San Mateo, por el cual pasaba «illa itinera antiqua». El territorio correspondiente a Quo estaba, según el Sr. Jusué, bañado por el río Besaya y cerca de Torrelavega. El lugar actual Cóo, si fuera el antiguo Quo, está un poco al Sur de la calzada; pero su territorio se extendía por el Norte lo bastante para abarcar la calzada. Yo sé que el territorio de Quo era bastante extenso y que, por tanto, el San Martín de Quo pudiera hacer referencia al de Mazcuerras, de que vamos a hablar prontamente.

La vía que estamos estudiando seguía de Ibío a Villanueva de la Peña, pues en 1088 (CS, LXVII) ya se habla de San Pedro de Villanova, y en 1106 (CS, LXIII) había en Villanueva «illa itinera antiqua qui discurre ad Castannare». Seguía después la vía a Mazcuerras, en cuyo sitio de San Martín consta, según ya hemos dicho, la existencia de los templarios (Luciano Huidobro, en *Los Templarios en la Montaña*, «Diario Montañés» de 20-X-1933). La Encomienda de San Martín de Mazcuerras abarcaba bienes en San Martín, Cabezón, Cohinos, Cos, Ibío, Peredo y Torres. En San Martín, según ya sabemos, persistían en 1526 restos del monasterio y castillo, y entre los bienes figuraba la Mies de Royuelo, en la cual se había llevado el río algo de *vereda*, y lo que quedaba confinaba, entre otros límites, con «el camino real que viene de Cohino y sale para Salinas, que es la calzada».

Este último párrafo es interesantísimo, pues nos habla de una *calzada* que marcha para las Salinas (de Cabezón, seguramente) y que luego veremos prolongarse por Treceño. El Cohino citado no debe ser el de Valdeguña, ni el barrio del pueblo de Barros, así llamado, sino el Cohiño del mismo Mazcuerras, el cual está algo separado de la Iglesia de San Martín y en situación, según me dicen, propia para camino procedente de Ibío, que aun se llama «Calzada de Ibío».

Todavía en el siglo xix se iba desde Ríocorvo a Cabezón por un camino, que es el que describimos, del cual nos habla Amador de los Ríos (*Santander,* pág. 843), y dice estaba «partido de hierbas y cudones»; y aun anteriormente, nos dice Lasaga y Larreta que «por Ríocorvo aportillaban los que iban a San Vicente [de la Barquera]: seguían a Cohicillos, Villanueva de la Peña, Cabezón y Treceño».

Por este camino vendrían en el siglo ix los *pozales de sal* que, de las salinas de Cabezón y Treceño, concedió el Rey de Oviedo a Santa María del Yermo (Cohicillos) en el momento de su fundación. Por él vendrían también, desde Ibío a Santa María del Yermo, los cadáveres a que, según leemos en las *Memorias* que en 1847 escribió, acerca de los Baños de las Caldas, el Dr. D. Juan José Argumosa, hacía referencia una inscripción existente en dicho templo: «Por aquí entran los cadáveres de Ibío y sus bastimentos», haciendo, sin duda, referencia a los que se traían como ofrenda a la iglesia. El mismo doctor se hace eco de la existencia de los templarios en Santa María del Yermo y del Priorato de ese nombre, del cual se había incautado, en el siglo xvii, el Duque del Infantado.

El Concejo de Mazcuerras[21] comprendía los barrios de *Coiño* (llamado indistintamente *Coino, Cohiño* y *Cojino*), Mazcuerras, Santa Gadea y Villanueva. Los tres primeros constituían lo que se llamaba *Tres Barrios*, por los cuales hablaba su mayordomo, haciéndolo por Villanueva su regidor. Lo del mayordomo acaso sea un recuerdo del señorío de la Orden.

Había en el Concejo el sitio de la *Barca*, probablemente por la que existía en uso en Villanueva; el molino de la *Puente*; el *Pontón* de Rucabao y el sitio de *Revía*, en Villanueva. Además, he encontrado sitio de *Castromocho*, posible referencia a construcción semidestruída, y de *Castil*, un monte así llamado, y el sitio conocido por la *Carrerona*.

* * *

Con todo lo dicho tenemos la vía asegurada en Cabezón y asegurado, por ende, el paso del Saja a favor de un puente, que consta existía en 1088 (CS, LXVI), y en el cual se celebraban actos judiciales: «et aprendimus iuditium in illa ponte de Capeçone». Por este puente no hay que extrañar la presencia de los templarios, recordada aún en 1526 por el lugar.

En el siglo XVIII existían en Cabezón la fuente de la *Estrada*, al lado de un camino; el sitio de la *Calzada; el puente de piedra,* en la pradería de las Navas; los barrios del Campo de la Iglesia y Salinas, por los cuales pasaba *El Camino Real*, como también pasaba por la mies de Marras y por la ermita de San Roque.

Desde Cabezón seguía la comunicación, por el Alto de Turujal, a Treceño, en donde, en 1122 (CS, LXVI), había en San Pedro una propiedad «in villa Trecenio», cuyo cuarto término era «illa itinere antiqua»; y por la misma época, si no antes (CS, LVII), había «illa forca de Trecenio».

En el siglo XVIII el *camino público,* pasado el alto de Turujal, discurría por el barrio de Hualles, seguía la *Plaza,* centro principal del pueblo, en el cual estaba *La Torre* del Conde de Escalante, la cual tenía 14 x 10 varas de planta y 10 de altura. Sobre el *camino público* estaba, también, una casa, perteneciente al Concejo y al barrio autónomo de San Vicente del Monte, la cual servía de Ayuntamiento y concejos, escuela de niños y hospital para recoger *peregrinos* y para transeuntes. El llamarse a la parte los del barrio de San Vicente del Monte, demostraba que al través de éste podrían venir los pobres también, y, por tanto, la existencia de un camino que existía efectivamente, pues San Vicente está situado al pie del *Puerto del Escudo* que se abre a través del llamado Escudo de Cabuérniga.

El *camino público* pasaba también por los barrios de Herrería, Trillanes y la Molina. La *Cambera Real* pasaba por el barrio de Requejo y por la Jondal de la Cruz (aspirada la *H* de Hondal); y la *Cambera pública* pasaba por *Vimón* y *Vimón de Abajo,* justificándose así el origen probable del nombre (Vía del Monte); por el ya citado barrio de Molina y por la mies de Candeja.

Había, además, en Treceño nombres muy significativos como *La Calzada, Escobio,* por el cual pasaba *camino público,* el citado *Vimón* y *Corcoval, Horcoval* y *El Torno.*

No lejos de Treceño estaba el lugar de Roiz, con sus barrios de *Alvear* y *La Concha* (véanse en el Vocabulario), y más en dirección lógica de San Vicente de la Barquera, *Caviedes,* nombre que puede ser significativo de camino si recordamos el empleo del prefijo *Ca-* y la cercanía a Asturias en el *Viedes*; La Madrid, con su barrio de *Luvía*; Abaño, con su *Hospital de San Lázaro*, y ya nos adentramos en el territorio de Revilla.

Al tratar de la Vía de Agrippa expusimos su marcha al través de los tres barrios del lugar de Revilla, los cuales, aunque de la jurisdicción eclesiástica de Revilla —demostración de su primitiva unión—, dependían en lo civil a San Vicente de la Barquera. Vamos a continuación a exponer los nombres del territorio de Revilla correspondientes a la jurisdicción del Valle de Valdaliga; por él continuaba el camino romano que vamos describiendo hasta su encuentro con la vía de la costa:

En el siglo XVIII pasaba el *Camino Real* por el barrio de Sejo de Arriba y Cotero; por los sitios de la Cerrada del Cotero, La Peña, La Peña de Ondal (*sic*); Mijeos, La Requera, *Las Cuartas*, San Román, Higares y *Socamino*; la *Cambera Real* pasaba por la Casa-venta-taberna, que además estaba en *Camino público* que pueden coincidir, pues los nombres son expresados por diversos vecinos que diversamente los conocerían; por los sitios del *Camino*, Castro de *Llovía*, *El Castro* y el Esgobio (= Escobio)[22].

Reunidos ya los dos caminos; o sea la Vía de Agrippa y el que venía de Treceño, pasaban la ría de San Vicente por la *Barquera* que le dió apellido.

El camino de Treceño debió seguir en 1099 el Arzobispo de Toledo Don Bernardo, nombrado árbitro por el Papa en la cuestión existente entre las iglesias de Burgos y Oviedo. En este viaje consagró la iglesia de San Martín de Mazcuerras (Sojo, t. I, pág. 407 de *Ilustraciones*.)

IV. ALGUNOS RAMALES DESPRENDIDOS DE LA VÍA DE AGRIPPA

1.º Desde el barrio de *Estradas* (en el valle trasmerano de *Hoz*) arrancaba un camino por el el valle o, mejor, un poco a media ladera, propio ya para usado con paz consolidada, pues estaba dominado en la mayor parte de su trazado. Pasaba por *Toraya*, cuyo nombre, que ya he encontrado en 816, nos habla, probablemente, de una torre que la defendería, hablándonos de lo mismo el sitio de *Vía* que aun hoy subsiste. Continuaba por Rigada a Villaverde y Puenteagüero, en donde se unía otra vez con la general de la costa.

2.º Del citado *Estradas* arrancaba otro camino interesante que se remontaba a la actual ermita de la *Virgen del Camino*, y de allí pasaba a Omoño (barrio de *Vía*); Pontones (barrio de *Vía*), de donde continuaba por Orna con su *Hospital* de San Lázaro de Tés; Suesa, en donde en 1210 (DP, XC) había «illa carrera antiqua» y «una faza en Cilafurez de la carrera antiqua usque in rio»; Carriazo, en cuyo lugar, el mismo año de 1210, había «la carrera antiqua que exit ad illa sierra et tenebant homines cerada (*sic*)»[23], y «usque ad illa [*uia*] publica» en fecha imprecisa, pero de los siglos XI o XII (DP, XCVII); y, finalmente, la vía terminaba en el puerto de Galizano que, antes que lo cegaran los detritus del fondo de la bahía de Santander arrojados por los gánguiles en sus inmediaciones, tenía cierta importancia como para figurar en el Atlas catalán de 1375.

3.º Pasado el río Miera en *Puenteagüero*, se separaba de la Vía de Agrippa un ramal que continuaba por el Norte del Alto de la Muela y seguía por la antigua iglesia de San Juan de Agüero, iglesia de Setién, iglesia de Rubayo, en cuyo pueblo existía el *Hospital de San Lázaro de Prado*, estratégicamente situado en la bifurcación con un ramal que por la antigua iglesia de San Pedro de Ambojo, cúyo es el embarcadero de Pedreña iba frente al Portus Blendium (Santander). En cuanto a la que vamos describiendo, y que demuestra su antigüedad en su perfecto trazado militar, iba desde Rubayo por San Martín de Gajano, y en este lugar casas de Rivagüero y La Encina y Cotera, para terminar en *Pontejos* en el sitio llamado Puerto, a la orilla de la Ría de Heras y enfrente del Astillero. La ría la pasaban por barca.

El nombre Pontejos procede de *ponticuli,* con dos significados que son aplicables al lugar, sea por concurrencia de las rías de Heras y Solia, a las cuales bien puede llamarse «mares pequeñas», o por ser paso de barcas. En el Astillero, barrio del antiguo lugar llamado Guarnizo, se reunía este ramal otra vez con la general de la costa.

4.º Hice ya referencia a una comunicación que por Rucandio llegaba a Liérganes, pasando el Miera por su magnífico puente y continuando por las alturas a Esles y Puenteviesgo. Este camino debía desprenderse de la vía de la costa en Anero, y por Navajeda, cuyas iglesias eran de las primitivas, entraba en Riotuerto y subía a Rucandio protegido por el *Castillo* recordado en el Pico de este nombre. Tal vez fué utilizado en alguna ocasión por los peregrinos que, por dificultades en el paso del Miera por la barca de Orejo, buscasen la defensa en las alturas.

5.º Ramal desprendido en Guarnizo de la vía de Agrippa. Pasado el puente de Solía seguía, en el siglo XVIII, el *Camino Real* por Cianca, pasando cerca de Nuestra Señora de Cianca y barrio del mismo nombre, ermita de San Benito (en Parbayón), que hoy no existe, pero sí el nombre; Los Blancos, Carrezana, La Aguilera.

En el barrio de Parbayón la casa de D. Nicolás de Palacio lindaba también con *Camino Real.* Después la comunicación llegaba al Pas en Renedo. En este lugar había sitio de *Viar* que lindaba con camino; el solar de la Monia, que surcaba *(sic)* con camino y carretera; el barrio de las *Cuartas,* con *Camino Real,* y que aun cuando no lo supiéramos el nombre gritaba por él, y en el mismo sitio otro llamado de la Quintana; *La Puebla,* con camino; sitio de *La Barca,* por donde pasaba un camino; Mijáriega, barrio por donde pasaba el *Camino Real*; la mies de *Vías*; el solar de Campo, sitio del Villar y el de la Tejera, por los cuales pasaba el *Camino Real.* En cuanto al solar de la *Barca*, lógicamente lindaba con el río y pertenecía aquélla en el siglo XVIII a Renedo y a Vioño.

Que hubo puente sobre el río Pas aguas arriba del de Arce parece demostrarlo una escritura de 1084 (CS, LVIII). Se trata de la cesión por varias personalidades, a la iglesia de Santillana, de otra llamada San Vicente de Salceto (hoy Salcedo), existente en el Valle de Piélagos. Se ceden varias fincas cuyos términos se señalan. El señor Jusué supone, con buen acuerdo, que este San Vicente no está lejos de Vioño. Entre los términos figuran: «transgredi itinere illa antiqua»; «usque in illo rio»; «usque in flumen Pas»; «et pro illa itinere et alia itinere antiquorum et affliget se contra flume Pas» y «super illa ponte».

La iglesia de San Vicente de Salcedo es una de las dos que tiene Vioño, nombre éste que supongo procedente de *Vía* + *oño* (¿camino del monte?), y aun se mantiene hoy un puente de madera que es una de tantas modificaciones que tuvo desde el citado siglo xi —en el xvi me consta estaba cortado—. Por este puente pasaba la comunicación romana el río Pas y seguía por Vioño y Zurita, cuya célebre rueda nos habla también de la presencia del hombre.

En el siglo xviii existían en Vioño el barrio del Campo; el sitio de Piguero; *Guinea de Arriba,* sitio o solar que tocaba en *Camino Real*, y que para probar su importancia debe verse la palabra *Guinea* de nuestro Vocabulario; mies y solar de la Portilla, en donde había una tierra que surcaba con *Camino Real* y con el río Pas. Por todo estos sitios pasaba el Camino Real. Había también la *Carrera,* y por el barrio de San Pedro pasaba la *Carretera Real*.

En Zurita pasaba el *Camino Real* por el centro del pueblo, pues muchas fincas así situadas lo especifican; pasaba aquél por Las Cuevas, por *Quintana* (v. el Vocabulario); un sitio preciso llamado Zorita; por el barrio del Río, la Vega, San Antonio, Casa de Don Fernando Antonio de Argumosa, situada en el barrio de Zurita, Picón, barrio de Argumosa, y por término de San Martín. Finalmente, había tres sitios que se llamaban, respectivamente, *La Vía, Revía* e *Ibío,* nombre éste que, en mi opinión, expresa, con *I* protética y cambio de sexo, nuestra *Vía*.

El camino después de Zurita pasaba por lo que más tarde se llamó la *Venta del Bardal,* y por *Posadorio* debía recaer en la barca de Barreda. Las ermitas de la Virgen de los Remedios y de San Roque, situadas por el barrio de *Pasadillo* de Polanco, indican petición de auxilio contra los peligros de las pestes que pudi eran proceder de Francia y de auxilio material para los trajinantes.

En la barca de Barreda ya se incorporaba el camino que acabamos de describir con la Vía de Agrippa.

Finalmente, después de Zurita se desprendía del camino otro que se dirigía a Lobio, en cuyo nombre, a primera vista, se me ocurrió relacionarlo con Vía por cambio de sexo y empleo del artículo *Lo*[24], y sigue por San Vicente de la Montaña, Sierrapando y Viérnoles a Ríocorvo. En el siglo xviii había en Lobio *carretera* en la mies de Riva Llama y una tierra del sitio de la Llamosa que surcaba con *carretera* y con *Camino Real*.

V. OTRAS «VÍAS» Y NOMBRES DERIVADOS DE LA PALABRA «VÍA»

Como ya he manifestado, la presencia en nuestra toponimia de nombres expresivos de antigua comunicación acusa lo muy poblada que salió la Montaña de manos de Roma, hecho patente por la abundancia de caminos en ella existentes y sin duda precisos para una vida intensa de relación entre sus habitantes.

Refiriéndonos solamente a la palabra que ahora estudiamos, recuerdo haber encontrado en documentos de mediados del siglo xviii sitios de *Vía* en Ceceñas, Valdecilla y Hermosa, los cuales, con otros nombres, demuestran comunicación de Puenteagüero con Liérganes muy antigua.

Sitios de *Vía* en Isla, que lindaba en 1753 con *Camino Real*; en Riaño, donde persiste barrio de *Vía;* en Moncalián, también con barrio de *Vía,* demostrativo de comunicación defensiva por la altura de los montes, pues ha llegado al siglo xx sin moderna carretera.

Para terminar, voy a indicar algunos nombres en los cuales debe reconocerse la presencia de *Vía* modificada o ampliada por sufijos u otros aditamentos.

Así: El *Vio* (cambiado de sexo), que he encontrado en Bueras, Ríotuerto, Valdecilla, y probablemente en *Ibío* (cambio de sexo e *I* protética); El *Viar* (Carasa, Colindres y Secadura); El *Vear*, variante del anterior; El *Vial*, variante poco usada; *Viadero,* sitio de Bareyo, el cual en 1753 confinaba con *Camino Real* y cuyo terreno se extendía hasta el inmediato pueblo de Güemes, siendo el nombre probable contracción de «Vía del Hero»; *La Viana*, en Castillo, empleando el sufijo -*ana*, tan corriente en la Montaña y con significación probablecomo debe serlo en la margen derecha del Saja; *Vidular*, en Secadura (¿«Vía del Haro»?); *Vioña*, en Galizano (¿«Vía del monte»?); *Vioño*, lugar de las Asturias de Santillana, al cual le conviene la significación anterior; *Viorco*, sitio de Carasa (Vía + Horco), es decir, de seguir la Horca u Hoz; *Vieros,* sitio en los límites de Trasmiera, con probable significación de *Via de los Heros*, palabra abundante en nuestra toponimia; *Vimón* (en Campóo y en Treceño), ¿vía del monte?; *Viallan* (Santillana) y *La Viada* (Seña); *Vierna*, barrio de Meruelo, y *Tarvernilla* (Ta + Vierna), y, finalmente, *Viesca*, de cuyo nombre hemos hecho estudio aparte en este artículo. Acaso el lugar de *Bielba*, que ha hecho célebre el *Zurdo*, jugador de bolos, proceda de «*Vía alba*» o blanca; *Viadañes* («Vía del río»).

* * *

Adiciones importantes.— La existencia de puente en *Arce* consta (*Privilegios*, t. I, pág. 98) en 1235, en cuyo año aparece Garci Díaz *Abad de la Puente de Arce*. Ello debe tenerse en cuenta al estudiar lo que hemos dicho en la página 39, y es una comprobación de lo que manifestamos en *Ilustraciones* acerca de la perduración en la toponimia de la palabra *Puente* como reveladora de los construídos por los romanos.

El actual barrio del *Camino* del lugar de Ajo unido al *Vía* de Isla nos hablan de un antiguo camino por la costa entre los puertos de Santoña y Santander, que atravesaba la ría de Ajo en barca.

NOTAS

(1) Documentos del Cartulario del Puerto.

(2) Según Murguía (tomo *Galicia* de «España y sus monumentos»), en los documentos gallegos del siglo XIII las palabras *Castro* y *Castillo* son sinónimas. A nosotros nos interesa diferenciar los castros romanos y los prerromanos.

(3) Escagedo *(Pleito de los valles)* dice que Puerto Calderón adquirió cierta importancia por el privilegio que tenía San Vicente de la Barquera de que en las dos leguas de Oriente a Occidente no se pudiera cargar ni descargar, lo cual inutilizó a Comillas en beneficio del puerto de Oreña.

(4) Entre los bienes que poseía D.ª Leonor de la Vega, viuda de D. Juan Téllez, figuraba, según Salazar y Castro *(La Casa de Lara)*, el Puerto de Ruiseñada.

(5) Véase nuestras *Ilustraciones,* t. I, pág. 115.

(6) RFE, t. VII, pág. 29.

(7) RFE, t. VII, pág. 31.

(8) El malogrado amigo Paco Camino me comunicó en 1936, después de haber leído mi libro *Liérganes*, a la sazón recién publicado, el siguiente dato: La marquesa de Villavilvestre residía en este lugar acompañada de su hijo enfermo, el cual se reponía por ser propicio para ello «el clima de estas Montañas» y ser Liérganes el único lugar en donde sobre haber médico y botica permitía el camino usar el coche. Pero estando prohibido el paso de éstos por el Real Sitio de La Cavada, no podía pasearse, y con tal motivo dirigió su hijo, con fecha 4-II-1787, una instancia al Bailío D. Antonio de Valdés, que mandaba en la fábrica, pidiéndole permiso para utilizar el camino, teniendo en cuenta que su madre no podía salir más que en coche, estar los dos de paso en el país y que «ni hay en toda la Montaña más coches que los míos ni otro camino que el de La Cavada para usar de ellos». El Bailío concedió el permiso en 12-II-1787.

(9) Por Villalcázar de Sirga, que era encomienda de Templarios, pasaba la vía de los peregrinos (Madoz).

(10) El mismo Lasaga dice que en su tiempo se llamaba aún templarios a los poseedores de Udalla.

(11) Esa bailía de Trasmiera y esa encomienda de Puente Viesgo que formaron, en el siglo xv la primera, y la segunda en fecha imprecisa, pero posterior, los sanjuanistas, debieron tener como brújula de orientación aquellas 24 bailías que, según D. Pedro Rodríguez Campomanes, en su libro *Disertaciones históricas de la Orden de Caballería de los Templarios*, 1747, tenían éstos en Castilla.

(12) En el siglo xviii el lugar de Seña presentaba una gran cantidad de sitios cuyos nombres demostraban la existencia de antiguos caminos: Tales la *Calzada,* con la cual confinaban varias sitios, entre ellos El Molinillo; *La Viada,* sitio por donde pasaba un *camino Real; La Calle Real,* que existía en los terrenos de la Patiña y El Remonte; *El Camino Real* o *Caminos Reales,* que pasaban por los barrios de Palacio, Las Casas, La Tejera, Nozal; y los sitios de El Cantón del Remonte, La Mijega, Las Pozas, El Cantón de Peñaflor, Las Llanas, San Roque, La Hacha, Rotorín, Los Mazos y Monillo, por todos los cuales pasaban asimismo caminos reales.

Una llosa llamada del Cauce lindaba con jurisdicción de Limpias por un aire y por otro (por Solano) con Camino Real, lo cual parece indicar hubiera camino Real de Seña a Limpias o de Limpias a Colindres por orilla del río.

(13) Con referencia a los nombres topográficos últimamente expuestos diré que *Sonavía* creo procede de *So navía,* teniendo en cuenta la proximidad del barrio al río y lo que sobre las palabras *So* y *navia* expongo en este vocabulario; que *Villaviad,* palabra de poco sabor montañés, es seguramente *Villa + vía*; pues *Villavía* se le dice en algún documento antiguo. (V. Madoz).

Es también muy probable que con las palabras *carrera antiqua,* que aparecen en documentos del siglo xi y siguientes, se quiera hacer referencia a vías romanas, siendo, cuando se emplearon como contraposición a modernas, obras éstas de los templarios o discípulos de Santo Domingo.

154

(14) En 1504 se llamaba *Casa de la Barca* a la de la familia de Calderón en Viveda, y hoy se llama el puente que ha sustituído a la barca *Puente de la Barca.*

(15) Nótese que se hace referencia a Renedo sin puente. Se trata indudablemente del puente de Salcedo (Vioño), al que nos hemos referido anteriormente y que sin duda estaba destruído. (*Nota del autor*).

(16) La frecuencia y empuje de las avenidas de nuestros ríos me ha sugerido la sospecha de que los puentes que los romanos habían construído sobre ellos debían hallarse en situación precaria a la llegada de los templarios a la Montaña, y que, por tanto, a aquéllos dedicaron su primera atención. De la experiencia adquirida por los naturales y transmitida a los templarios nacieron esos puentes de gran arco que solemos atribuir a los romanos falsamente. Tales el Puente Mayor de Liérganes, el de Puentearce, el de Viesgo, etc. Claro que el total de las obras no era de los templarios, sino que sobre lo romano trabajado por las aguas, se lanzaron esos graciosos arcos que el Pueblo-Rey no acostumbraba a construir. Hay, pues, una verdad en la tradición romana, pero solamente a medias.

(17) Amós de Escalante conduce a Don Alvaro (*Ave, Maris Stella*), desde Puerto Calderón a Quijas, por Oreña, Viallan y Santillana, es decir, por la Vía de Agrippa: Antes ha citado Quintana, Nuestra Señora de Guía y el palacio sobre el Castro.

(18) En 1448 Castillo Pedroso era lugar realengo. (Escagedo, en el *Pleito de los Valles).*

(19) En 1404 se dice que al ceder el Rey a Gonzalo Ruiz de la Vega el portazgo de Pie de Concha, cuyo rendimiento era anejo a un castillo levantado en un monte cerca de Queveda, aquél se apoderó de todo. Otros testigos dicen que al ceder el Rey, a Gonzalo Ruiz, los derechos de las Asturias de Santillana, éste se apoderó de portazgo y castillo.

El castillo de Cieza de que se habla en 1338 puede ser el que figura en el mapa de Coello con el nombre de Castillón.

(20) Escagedo *(Caminos de Santiago,* en «El Diario Montañés») habla del Paso de la Hermida que une a lguña con Mazcuerras y «que era el camino obligado en el siglo xiv entre ambos valles». Llama San Juan de Renedo a lo que era en realidad San Juan de Raicedo. Sospecho que hay error en ambas afirmaciones, pues con respecto a la primera, según veo en Madoz, la Hermida era un caserío de Sierra de lbío, propiedad del Marqués del mismo nombre, y parece más propio para el paso desde Ríocorvo. En cuanto a la segunda afirmación, es seguramente errónea, sin duda por falta en la impresión.

(21) Huidobro, al hablar de Mazcuerras, se pregunta si no será éste el sitio en donde lucharon moros y cristianos y fué luego cuidado de los Reyes de Oviedo. Acaso quiso hacer referencia al texto de los *Anales Complutenses,* cúyo es el conocido párrafo de «In era DCCCXXVI [en algún códice DCCC] exierunt foras montani de Malacuera et venerunt ad Castellam». Berganza tradujo, efectivamente, este Malacuera por Mazcuerras, y Dozy *(Recherches sur l'Histoire,* etc.) trató de explicar la frase en lo relativo al Malacuera.

(22) En algunas fincas, al expresar sus límites, se distinguen *Camino Real* y *Camino público,* por lindar con los dos.

(23) Esta curiosa noticia nos demuestra la antigüedad trasmerana del aldeano comecallejos y corresetos.

(24) Véase *Lubio* en nuestro Vocabulario.

Este libro se terminó de imprimir
en otoño de 2024